U0511039

粮食直接补贴
政策效果及影响路径
——以陕西省为例

RESEARCH ON THE EFFECT OF
GRAIN DIRECT SUBSIDY POLICY AND
ITS INFLUENCE PATH
—— EXAMPLE OF SHAANXI PROVINCE

张彦君　郑少锋　著

社会科学文献出版社
SOCIAL SCIENCES ACADEMIC PRESS (CHINA)

目　录

CONTENTS

第一章 ◀

导论

一 研究背景

　　近年来，受到种粮成本上升等因素的影响，种粮效益不断下降，农户的种粮积极性受到打击，导致粮食产量出现增速下降趋势。国家在 21 世纪初期发布了《关于进一步深化粮食流通体制改革的意见》《中共中央关于完善社会主义市场经济体制若干问题的决定》，正是基于当时粮食产量连续五年大幅度下降的背景才制定的，这也标志着粮食财政直接补贴到农民的政策的正式提出。由于该政策在试点地区取得了良好的成效，2004 年以后，便在全国各省份逐渐普及起来，也在很大程度上提高了我国粮食产量。就目前来说，粮食补贴政策相比以前已经发生了很大的变化。现行的补贴政策是以对农民的直接补贴为主的，除了直接补贴之外，还有良种补贴、农机补贴等辅助的补贴政策。除此之外，为了保障粮食直接补贴资金的充足，国家还规定将粮食风险基金的1/2 都用到粮食直补政策中。2016 年，财政部、农业部出台《关于全面推开农业 "三项补贴" 改革工作的通知》（财农〔2016〕26号），2016 年起，将良种补贴、农资综合补贴与粮食直接补贴归为农业支持保护补贴，以支持保护耕地地力，加大粮食规模化经营力度。补贴资金重点支持新型经营主体，坚持多种粮食则多获补贴原则。2017 年，中央发布一号文件《中共中央、国务院关于深入推进农业供给侧结构性改革加快培育农业农村发展新动能的若干意见》，指出要切实完善农业补贴有关制度。农业补贴相关政策的指向性与精准度要进一步明确与提高，重点支持粮食主产区、鼓励农业产业适度规模化经营、增加农民收入、促进绿色生态发展。进一步推进农业"三项补贴"政策制度的改革。建立国家粮食主产区的利益补偿有关机制，保持粮食产粮大县相关奖励政策的稳定，对产粮大省的粮食奖励资金的使用范围做出调整，进一步盘活粮食风险基金，进一步完善农机具购置补贴政策。随着粮食直补政策的逐年发展，粮食直补资金总额也由最初的 116 亿元上升到了151 亿元。

粮食直接补贴政策（也称"粮食直补政策"）执行得如何，是否达到了预期的结果，这就要从 2004 年粮食直补政策实施之初到现在的种植面积和粮食年产量的变化来进行分析，相关对比数据如表 1 - 1 所示。从表中不难发现，无论是种粮面积还是粮食年产量都在呈现同步递增的趋势，且从表中的一些具体数字的变化来看，如 2014 年的粮食种植面积就在最初的 101606000 公顷的基础上增加了 10.96%，而粮食年产量也在最初的 46946.9 万吨的基础上增加了 29.32%，表明国家在实施粮食直补政策的这些年中，的确实现了粮食稳产增产，而且农民的积极性也在各项补贴政策相继出台的过程中大大提高，更愿意投入保质保量的粮食生产活动中去。粮食直补政策也切实维护了国家粮食安全，温饱问题已不再是制约我国经济发展的因素了，粮食供应量相当充足。

表 1 - 1　我国粮食年产量和种植面积变化情况

年份	2004	2005	2006	2007	2008	2009
粮食年产量（万吨）	46946.9	48402.2	49804.2	50160.3	52870.9	53082.1

年份	2004	2005	2006	2007	2008	2009
粮食种植面积（千公顷）	101606	104278	104958	105638	106793	108986

年份	2010	2011	2012	2013	2014
粮食年产量（万吨）	54647.7	57120.8	58958	60194	60709.9
粮食种植面积（千公顷）	109876	110573	111205	111951.4	112738.3

资料来源：《中国统计年鉴》（2005～2015年）。

然而，近年来随着各类新农业政策的实施，粮食直补政策在执行中也面临一些新情况。首先，粮食种植面积的上报就存在一些徇私舞弊的现象，虚报粮食种植面积的现象在许多地区时有发生。虽然国家相关政策规定了一套详细的上报审核流程，但其中仍有相应空子可钻，例如，村干部可能虚报村民种植面积，多报与其关系好的农户的种植面积，从一开始就破坏了政策的公平性；乡镇一级及以上部门则有可能直接根据最初的种植面积进行统计，而不去根据每年的具体种植面积变化进行调整，也没有真正做到去实地复核的工作。其次，拥有土地使用权的农户并不是实质性的种粮农户。有许多农户的主要收入来源不是种粮食，而是靠外出务工，因此他们虽然领着国家直接补贴政策的补贴额，却将土地承包给他人或单位，使得粮食直接补贴资金没有真正运用到种植粮食的最初用途上去，这样长久下去就会降低粮食直补政策的效用，不能够真正达到维护粮食生产与安全的目的。粮食补贴政策对农户的粮食生产行为有何影响？农户是否对现行政策满意？是否有效保证粮食安全？这些问题的解决对于有效实施粮食直接补贴政策具有重要意义。为此，本书拟以陕西省为例，从农户满意度、政策绩效、粮食安全效应等方面分析我国粮食直补政策的效果，运用相关理论，并通过构建模型，来具体探讨粮食直补政策的实施流程与实施效果。

二 研究目的与意义

(一) 研究目的

对粮食直接补贴政策实施效果的研究涉及许多方面，本书则主要依据该政策在陕西的执行情况来加以分析，大致可以分为以下几方面。

(1) 分析农户满意度及影响因素。粮食直补政策的主要对象就是种粮农户，因此农户对于该政策的满意度与评价高低也会关系到该政策能否实现预期目标。本书通过设计调查问卷、抽样测试农户的满意度、筛选处理收集来的问卷数据，找到影响农户满意度的关键性因素，进而采取相关改进方法完善措施，使得农民满意度提高，种粮积极性也因此提高。

(2) 探讨粮食直接补贴政策绩效。对粮食直接补贴政策的评价，不仅要从粮食产量、粮食种植面积、农民收入等各方面进行分析，还应从整体上对该项政策进行绩效评价。陕西省的粮食直接补贴政策自2004年实施以来已有十余年时间，有必要对该项政策的实施绩效进行评价，目前很少有研究通过计量方法评价陕西省的粮食直补政策绩效，本书将运用层次分析法（AHP法）对粮食直补的绩效进行定量分析。这对陕西省粮食直接补贴政策的完善和改进，对陕西省的粮食产量和质量的提高，具有重要的现实指导意义。

(3) 分析粮食直接补贴政策的粮食安全效应。国家之所以对农民进行如此大力度的补贴，主要还是希望能够通过这些鼓励政策提高粮食产业的质量和产量。本书中主要分为以下几个方面来对国家粮食补贴政策进行研究，分别是粮食数量、粮食质量以及政策对于农民的影响。分析粮食直补政策的粮食数量安全效应，评价直补政策在提升粮食产量上的效果；分析粮食直接补贴政策的粮食质量安全效应，评价直补政策在提高粮食质量上的作用；同时分析粮食直补政策对农户决策和行为的影响，评价政策是否提高了农户的种粮积极性。

（4）探讨粮食安全影响路径。本书还将运用结构方程模型分析粮食直接补贴政策影响粮食安全的作用路径，通过设计问卷以及对问卷结果的研究，最后建立了严密的粮食补贴政策对于粮食安全的影响的结构方程模型。本书通过这个模型对各个变量之间的关系进行探究，并对可能存在的中介效应进行探讨，得出影响粮食安全的作用机制。

（二）研究意义

针对上述重大问题，基于"问题导向"的思路，本书选择陕西省粮食直接补贴政策实施效果作为研究对象，具有较大的理论价值与现实意义。

经过前文的研究和探讨，本书最后决定采用陕西省的粮食直接补贴政策对于农民的影响作为研究重点。因此本书中的研究对于现实生活有着下列意义。

（1）粮食直接补贴政策对于公共政策的绩效评价制度有着一定的帮助作用。现行的粮食补贴政策是国家在粮食管理方面主要的政策之一，也属于我国重要的公共政策。就目前来说，我国的公共政策绩效机制还存在一定的问题，现行政策不够规范有效无疑是我国的痛处。在粮食补贴这一政策上也是如此。本书中研究的主要内容就可以在一定程度上解决我国粮食补贴政策之中概念模糊不清的问题，对于新型的制度有着一定的补充作用。

（2）能够更好更快地建立健全粮食直接补贴政策。从整体上来看，我国目前的粮食补贴政策还不够完善，依然存在很大的问题。在未来的一段时期之内，正好是我国用来健全这一制度的最好时机。但是完善这一制度是有多种方法可选择的，所以我们需要对整个现实境况进行研究，从而选择最适合现实情况的设计方案。

（3）能够帮助国家选取最有效的操作粮食补贴政策的方法。操作方法可以说是粮食直接补贴政策的基础。在国家现状之下，虽然国家制定了直接的粮食补贴政策，但是并没有制定一个统一的执行标准，所以各地各级政府的操作方法都不尽相同，尤其是对于生产性方法的特别补贴，长期以来都存在各种各样的意见，所以在面对各种粮食补贴政策的操作方法的时候，应该客观地对其进行比较，选取最为合适的方法，才能够真正地在有限的补贴条件下获得更多的收益。

（4）尽量在有限的条件下提高政府资金利用效率。随着国家对于农业的重视和时间的不断延长，国家对于农业方面的补助资金投入力度越来越大，如今的资金投入已经达到数千亿元的巨额。但是并不是直接补贴的资金力度越大效果就越明显，更重要的还在于政府投入的资金的利用效率。为了提高资金利用效率，希望能够通过这些研究，为我国的粮食直接补贴政策提供一些帮助。

三　国内外研究动态

俗话说"民以食为天"，粮食可谓一个国家立足的根本，所以各国对于粮食补贴政策都十分重视，各国的学者对于这些政策都展开了深入的研究，并取得了显著的成果。

（一）国外研究动态

1. 粮食补贴政策研究普遍存在

粮食直补政策在欧美国家也早已存在，美国 1933 年颁布的《农业调整法》以及欧洲经济共同体 1962 年颁布的《共同农业政策》都对粮食直补做了相应的说明。世界主要发达国家大都经历了从对农业征税到对农业进行补贴的过程，现今几乎所有发达国家都把粮食补贴作为一项基本的农业政策。随着经济的发展，粮食补贴不仅影响粮食价格，而且有利于产业转型升级，促进农业增产、农民增收，与非农产业的差距得以缩小，避免落入"中等收入陷阱"。Sheldon 等（2001）研究发现对农业实行补贴的政策会造成农产品贸易的扭曲，为实现贸易的自由化，因此对农业补贴政策并不支持；但鉴于农业补贴政策在促进粮食安全等方面的作用，世贸谈判对有利于促进农业发展的政策措施并不限制。Luanne Lohr（2001）发现发达国家普遍实行农业补贴政策，这些政策影响着世界农产品的贸易、福利和价格。

2. 对农户种粮态度和行为影响的研究

Mullen 等（2001）认为粮食直补政策能够使农户的风险降低，从而增加农业投入。El-Osta 等（2003）发现随着粮食补贴金额的提高，农户更倾向于进行粮食生产。Vercammen（2003，2007）利用随机动态规划模型研究了农户生产投入和粮食补贴政策两者之间的相关关系，发现粮食补贴政策能够对农户产生激励使其增加投资，这与农户的风险偏好无关。Roche 和 Mcquinn（2004）基于投资理论对粮食直补政策进行分析，发现粮食直接补贴政策的风险降低作用将使得农户选择种植高风险的农产品。Hennessy 和 Rehman（2008）通过研究农户在劳动时间分配上的决策行为受收入效应与替代效应的影响关系，运用爱尔兰地区相关农户的劳动决策数据发现，农户花费在非农就业上的时间受到与实际粮食种植脱钩的粮食直接补贴的影响。Sekokai 和 Moro（2006）基于风险厌恶构建了粮食直接补贴与农户生产行为的模型，研究表明，直接补贴与农户在粮食生产上的投入具有正的相关性。Koundouri 等（2009）发现虽然粮食直接补贴政策同生产不挂钩，但也会改变农户的风险偏好等，从而使农户的生产要素投入增加。但也有学者指出粮食补贴政策并不能够明显增加农户投入（Serra et al.，2006；Sckokai and Moro，2009）。

3. 政策负面影响研究

Meerman（1997）认为农业补贴政策可以促进农业的发展，但对国家经济的发展产生非常不利的影响。John Baffes 和 Jacob Meerman（1997）进一步提出脱贫与投资并不是补贴政策实施的初衷，农业补贴政策往往关系到较低的生产价格，因此更不能期望它促进部门的经济增长，它的目的是使农业部门完全自由化，从而提升资源配置的有效性。Hennessy（1998）的研究中指出，补贴政策的实施的确会影响到农民的个人决策。Teresa Serra 等（2004）研究发现，如果农业补贴政策运用价格支持方式，为了增加产量农民就会倾向于进行密集种植，并且不惜采用过量的化学物品，对环境造成进一步的污染；如果采用直接补贴的方式，便不会产生这类问题，但同时能对农户的生产行为决策产生影响。Konstantinos Galanopoulos（2011）对一个位于希腊的游牧农场运用 DEA 方法进行效率分析发现，如果技术效率较低，相对于大农场，直接补贴政策的效果在小农场更明显。Fred Gale 等（2005）研究发现，我国 2004 年实行的粮食补贴政策并不能明显提升粮食产量，2004 年粮食增产主要是因为良好的气候因素和较高的粮价。

4. 提升粮食安全方面的研究

Young 和 Westcott（2000）研究发现，美国推行的生产灵活性合同能显著提升农作物的播种面积，每年可使农作物的种植面积提升 18 万～57 万英亩（合 7.28～23.07 万公顷）。Adams 等（2001）实证分析了美国 11 个州 4 年的农业数据，结果发现，在推行了援助政策和生产灵活性合同的地区，其农作物种植面积大大增加了。Goodwin 和 Mishra（2003）也得到了相似的结果，政府实行的生产灵活性合同对主要农作物的种植面积产生提升作用。Mcintosh 等（2007）以研究财政补贴周期为基础，指出农民在不同的财政周期采用了不同的扩种策略，例如，在反周期就更注重扩种风险小的作物品种。Kropp 和 Whitaker（2009）通过对相关数据的实证分析研究后提出农民的信贷水平因粮食直补政策而提高，成本的降低也使得农民更愿意投入粮食种植之中去。但有些学者发现粮食直接补贴政策并没有对农作物的种植面积产生明显影响（Burfisher and Hopkins，2003；Sckokal and Anton，2005）。

（二）国内研究动态

1. 政策效应研究

王姣和肖海峰（2006）利用中部三个省份的农户实地调查数据，采用 PMP 模型分析了粮食直接补贴政策与粮食产量、农民收入的关系，结果表明，粮食产量的变化不受计税面积补贴的影响；从增产成效来看，按商品粮数量补贴低于按播种面积补贴；按目前的补贴标准，不管选择什么样的政策方法，粮食产量都不能够得到明显的增加。如果想要提高粮食的补贴标准，那么提高的标准也要控制在一定的限度内，起码不能够超过粮食价格的下降幅度。在按计税面积补贴标准下，农户收入增长最快；随着补贴标准的提高，无论哪种补贴方式农户收入都有所提高。

顾和军（2008）基于农户角色出现分化的大背景，采用江苏省的农户数据，研究农业补贴相关政策对农户的收入带来的影响，结果表明，农业资本和劳动力会从粮食直补及税收减免政策中受益未得到证实；但与现有的收入分配政策相比，这两项政策分配更显平均，使得农民间的收入相对差距得以缩小，但绝对差距会继续扩大；收入最低的10%和20%的农户分别只获得政策支出的4.39%和11.36%。

沈淑霞和佟大新（2008）对吉林省实施的粮食直补政策效果开展了研究，发现粮食直补政策对提高农户的种粮积极性有影响，使更多的农户选择种粮，从而增加了粮食种植面积，粮食产量出现较大幅度增长；粮食直补政策促进了农户收入的增长；粮食直补若简单地以计税面积补贴，则难以保障粮食安全；补助标准偏低，不能进一步提高农民收入，粮食直补不足以弥补生产资料价格上涨导致的种植成本上升，为此建议进一步加大粮食直接补贴政策的支持力度。

蒋和平和吴桢培（2009）通过对湖南省汨罗市的粮食种植农户进行调查，评价了湖南省粮食补贴政策的绩效，结果发现，粮食补贴政策促进了农民收入的提升，进一步提升了粮食生产能力和粮食质量；粮食补贴政策并没有明显促进粮食种植面积的增加，粮食最低保护价收购政策对粮价的支撑作用明显；粮食补贴资金的补助力度不大，在保障农民利益方面难以发挥很大作用。因此建议粮食补贴资金应突出重点，当前普惠式的补助方式不可取。

吴连翠（2011）基于调查部分安徽省农户得到的数据，实证分析了粮食补贴政策的绩效，粮食补贴政策能够提高民众种植粮食的积极性，种植面积也在不断扩大之中，进而增加生产要素的投入。

占金刚（2012）采用面板数据，对粮食补贴政策的绩效进行了评价，结果表明，粮食直补政策能在一定程度上提高粮农种粮的积极性，增强农户扩种意愿，但作用并不是那么明显；良种补贴对提高粮食单位面积产量、提升粮食品质的作用相当明显，农机具购置补贴的实施进一步提升了农业机械化水平。

黄季焜等（2011）基于 6 个省份的 1000 多农户的实地调研数据，研究粮食直补、农资综合补贴能不能影响农业生产，调查结果显示，几乎所有农户都得到了相应补贴，补贴在一定程度上提高了农户收入，但未能提高粮食产量、增加农资投入，因此补贴并没有造成市场扭曲。

赵瑞芹和孟全省（2012）收集了山东省的 17 个地市统计年鉴数据，时间跨度为 2004～2009 年，从而建立了面板数据模型，以粮食总产量为被解释变量，化肥、机械、土地和粮食直补为解释变量，采用柯布－道格拉斯生产函数的对数形式，研究结果表明，粮食直补额能显著提高粮食总产量。

刘艳和吴平（2012）根据各省份 2004～2009 年的面板数据，采用灰色关联分析法研究了粮食直补政策的效应，首先发现粮食产量和粮食直补之间存在较大的关联度，其次是粮食播种面积和粮食直接补贴政策之间的关联度，可以看出粮食产量受粮食直补政策的影响最大；另外分析了粮食直补政策在粮食主产区与非主产区之间实施的效果差异，结果发现，粮食直补政策在非主产区实施的效果要差于主产区。

刘旗和刘培培（2013）通过对河南省的粮食生产相关数据进行分析，发现粮食直接补贴政策对粮食非主产区的增产作用要低于粮食主产区，价格效应对扩大粮食种植面积的作用要大于粮食直接补贴效应，依靠增加粮食种植面积来提高粮食产量的可能性越来越小，单纯依靠粮食直接补贴政策引导农民增加粮食生产投入作用不大，需与其他政策联合使用，如价格政策。

霍增辉等（2015）分析了粮食补贴政策对增收、增产等的影响机制，利用湖北省粮食种植农户有关数据进行实证分析，结果表明，粮食补贴政策能够显著增加农户的收入，户均补贴每增加 293 元，能够增加农业收入 548 元，减少非农收入 250 元，最终总收入可以增加 469 元，纯收入增加 268 元；2008 年粮食补贴金额提高后，粮食补贴政策能显著增加粮食产量。

2. 农户种粮态度和行为研究

肖海峰等（2005）对辽宁和河南两省的农户进行问卷调查，了解农户对补贴政策的评价，经过科学研究证明，农民对于粮食补贴政策十分满意，十分感谢国家推行的这一政策，同时农户也希望国家能够适当再提高一下补贴的标准。在各种补贴标准之中，人们普遍认为按照种植面积进行补贴是比较公平的做法。农户在决定是否种粮时，受到自身种植习惯、粮食市场价格和是否有补贴等因素的影响，为提高农户的种粮积极性，应继续实行最低保护价收购和直接补贴政策。

马彦丽和杨云（2005）采用河北省农户调查数据研究了国家粮食财政直接补贴政策的实施对农户的粮食种植意愿、农民家庭收入与家庭生产资料投入的影响，结果发现，农户的粮食种植面积与农民收入并未因粮食直补政策的实施进一步增加，粮食直补政策也没有影响农户相应的生产资料投入，农资价格对农户投入产生显著影响；不应该按照计税面积发放补贴，粮食直补标准有待进一步提高，要重点倾向粮食种植大户；粮食价格支持通常具有粮食直补不可代替的作用，因此在实行粮食直补政策的同时也要坚持粮食价格支持相关政策。

朱红根等（2007）利用江西省农户的调查数据，在此基础之上对于现行的粮食补贴政策进行了中肯的评价，他们认为这个政策能够有效提高农户的积极性，有利于促进粮食安全的提升；从总体上来讲，农户对粮食直补政策的补贴标准满意度较高。

陶建平和陈新建（2008）研究了稻农选择非农劳动受粮食直补的影响情况，样本采用湖北省农户的调查数据，采用 Probit 模型，结果发现，粮食补贴政策使得稻农减少了非农劳动时间，因而提高了农户的种粮积极性，有利于粮食产量的增加；但参与非农劳动的可能性只降低了 0.04%，因此边际效应不高，总体上来说农业收入占家庭总收入的比重较低；稻农年龄对非农劳动时间存在显著正向影响，家庭成员数也对非农劳动时间存在显著正向影响。

刘克春（2010）通过对江西省农户实地调查获得的数据，实证分析了农户相关决策行为受到国家粮食补贴政策的影响程度，结果发现，农户决策行为受到粮食种植预期收入这个中介变量的影响；最低保护价收购政策和粮食直接补贴政策，在粮食生产收入占比高的农户中起到调节作用，能够提高他们的粮食种植积极性，扩大粮食种植面积；农户粮食生产行为决策受到生产资料价格的负向调节。

张冬平等（2011）主要研究了受教育程度、现金补贴、补贴券等因素与粮食直接补贴政策之间的关联度，通过对河南省受补农民进行调查，收集相关数据，结果表明，粮食直接补贴政策实施中，受教育程度高的农民满意度较高，对现金补贴的满意度又高于对补贴券形式的满意度，当然对补贴券形式的满意度是受到相关种子公司服务的影响的，除此之外，农户对粮食直补政策的满意度也受政府影响。

韩红梅（2013）采用河南省的小麦种植农户调查数据，经过研究发现，农户对粮食补贴政策具有很高的满意度，对粮食补贴政策满意度影响最大的是农户对政策的了解度，排名第二位的是政府相关的组织行为，而农户的经营状况影响最小。

袁宁（2013）通过调查13个粮食主产区的农户获得的资料，对粮食主产区农户的种粮积极性等情况进行了实证分析，结果表明，各地农户的种粮积极性并不相同，东北地区的农户具有较高的种粮积极性，南方省份较低；利用模型分析了农户种粮积极性与粮食补贴政策之间的关系，结果发现，粮食补贴政策能显著提高农户的种粮积极性；农户的种粮积极性还与农户的种植规模、种粮收入占比存在正相关关系。因此，粮食补贴政策在各地区的实施应存在差异，应该大力扶持粮食生产大户，进一步提高补贴标准。

3. 政策优化研究

梁世夫（2005）重点研究了粮食直补政策与粮食安全之间的关系，提出了粮食直补政策需要改进的方面：粮食直补政策的范围应把农民自己消费的粮食纳入进来，粮食直接补贴应以满足国家粮食安全为标准，以保障国家粮食安全；应增加粮食补贴种类，并以国家重点生产的粮食品种为主；为促进农业转型，对种植不同种类的粮食应有区别地补贴；粮食直接补贴要使农民自愿采取环保的生产方式，从而实现可持续发展。

肖国安（2005）研究认为在市场经济条件下，粮食直接补贴政策将导致粮食价格下降，从而使得粮食消费者获得的收益要多于粮食生产者；粮食直补政策将加剧粮食产量和粮食价格的波动；粮食直接补贴政策应该与最低保护价收购政策相辅相成，共同发挥作用。

叶慧和王雅鹏（2006）采用数据包络分析法，从规模效率和制度效率两方面来对粮食补贴政策的效率开展研究，结果表明，粮食补贴政策的制度效率并不高，7 个粮食主产区补贴无效率，即粮食主产区更多地表现为补贴无效率，绝大多数粮食主产区为规模收益递减；贵州和甘肃呈现规模收益递增，可以通过加大粮食补贴投入，来提升粮食生产水平。

李瑞锋和肖海峰（2006）对国家粮食财政直接补贴政策的实施效果做了分析，研究发现，该项政策可以提高农户种粮相关积极性，在加快粮食产销市场化方面有重要作用，但也存在诸多问题，粮食直补政策的目标不是非常明确，粮食补贴政策的品种、范围、标准多样，降低了政策实施的效果。各地的补贴标准差距明显，导致种粮农民对该项政策实施的公平性产生怀疑。粮食补贴政策缺乏规范性，农民怀疑政策的持续性，为此建议对补贴类型进行规范，进一步明确粮食直补政策的目的，缩小地区间的补贴差异。

张照新和陈金强（2007）研究认为粮食补贴资金规模难以保障农户利益，各地粮食补贴方式有较大差异，没有充分体现引导作用，粮食购销等环节的补贴缺乏。我国现阶段发展农业生产，要建立的粮食补贴政策需兼顾促进粮食生产、农民增收，稳定目前的粮食补贴政策，粮食补贴资金投入重点应放在生产性专项补贴上，从而促进农业生产进一步发展，要扩大粮食补贴资金规模，扩大粮食补贴的范围。

杨秀琴（2007）认为粮食直接补贴政策能够提高农户的种粮积极性、促进粮食产量提高、保障国家粮食安全，但补贴标准过低，并不能明显提高农户收入；粮食直补资金的来源单一，给地方财政造成较大压力；补贴标准确定没有统一依据，各地差异较大；粮食直接补贴政策实际动作具有较高的成本，影响了政策实施的效果。为此提出进一步提高粮食直补政策的补助标准、拓宽资金来源渠道、合理确定补贴标准等措施。

刘辉和李兰英（2008）认为粮食直接补贴政策存在许多问题，如粮食补贴的范围与对象、粮食补贴的方式、粮食补贴的力度、粮食补贴的资金来源等方面，并提出了相关改进措施。我国的粮食补贴政策须与粮食生产挂钩，脱钩的粮食补贴政策不利于提升粮食生产；增加粮食补贴的种类，同时还要将补贴重点放在主要的粮食品种上；要针对不同的粮食产区，采用不同的粮食补贴政策；粮食补贴资金的来源应遵循谁受益谁付费的原则，粮食消费地区也应承担相应补贴资金；要进一步提高粮食补贴标准，使种粮收入达到社会平均水平。

王玉霞和葛继红（2009）运用福利经济学相关知识分析了我国粮食补贴政策，认为粮食的需求价格弹性要远小于粮食供给价格弹性，补贴将导致粮食价格下降，从而使消费者获得更多的好处，农民在补贴中获得的收益较少；粮食补贴标准偏低，不足以达到激励农户的效果，农民预期的补贴率未能达到；粮食直接补贴政策应与最低价收购政策相辅相成、同步运行；对生产领域重点补贴、提高补贴标准，从而实现粮食增产和农民增收的目标。

郭云辉和王红蕾（2009）研究发现，粮食补贴政策的实施，不能很好地激励农户进行粮食种植。他们构造安徽省农民的选择模型并对其进行调查研究，发现以提升效率为要求的粮食补贴政策才是关键。他们通过理论分析可以得出，为提升粮食补贴政策的效率，补贴对象应根据耕地需求、耕地供给的补贴弹性确定；通过实证分析也发现，同一地区的补贴政策实施效果与补贴对象的选择、耕地供给和需求的补贴弹性有关。

肖琴（2011）采用微观调查得到的数据，运用动态一般均衡模型分析我国的粮食补贴政策，结果表明，由于受到物价因素的影响，相比工业部门，农业部门的比较收益较低，粮食补贴使用在农业生产中的比重也不大。这是因为，虽然粮食补贴政策在提高农户的生产积极性方面起到了一定作用，但是粮食补贴政策并没有显著地提高粮食产量。

靳文学等（2011）运用 20 世纪末至 21 世纪初 20 年的河南省小麦的种植投入、产出数据，进行了投入和产出的弹性分析，采用主成分分析方法，结果发现，对小麦单位面积产量贡献度来说，投入的生产要素是不同的，有的高、有的低，所以要对粮食直补结构进行优化，对贡献度高的要素要加大支持力度，从而使农户能自觉增加单产贡献度高的要素投入，进一步提升粮食单产水平。

张国庆（2012）认为粮食直接补贴虽有利于促进粮食生产，提升粮食安全水平，在提高农户积极性方面发挥一定作用，并促进了农户收入的增长，城乡收入的差距得以缩小，但粮食直接补贴金额有限，粮食增产难有持续性；粮食补贴政策的效果受种粮成本上升的影响，农民获得的收益不大；粮食补贴发放操作过程复杂，造成较高的执行成本；粮食直补政策具有临时性的特征，亟须完善粮食补贴政策的法律体系；缺乏对农业技术等方面的财政配套支持，粮食补贴的内容过于狭窄；有的地方粮食补贴政策的信息公开力度不足，导致农民的权益受到侵害。为此建议进一步提高补贴标准，扩大补贴政策支持的范围，并建议对粮食直补、农资综合补贴等政策进行整合，从而降低操作成本。

黎家远（2012）研究了四川省的粮食直补实施情况，发现在劳动力转移、土地流转和经济作物扩种的背景下，粮食直补以普惠的方式进行补助，并没有对粮食生产产生促进作用，粮食直补与粮食播种面积不存在相关关系，粮食直补的公平性难以保障；补贴标准偏低，难以提高农户的种粮积极性；粮食直补的目标只重视粮食产量的增加，而忽视了粮食质量和农村生态安全的保障。为此建议粮食补贴方式应该与粮食播种面积挂钩，或者与上交粮食数量挂钩；粮食直补标准应进一步提高，探索建立与物价水平相适应的动态调整机制。

江喜林（2013）在建立农户种粮行为模型的基础上通过分析表明，综合性的粮食种植补贴对促进粮食生产的作用不大，良种补贴、农机具购置补贴和粮食最低保护价对促进粮食生产具有较大的作用，现阶段我国的粮食补贴不应过多地定位于提升收入，而应定位于扩大粮食生产规模。粮食补贴应当以良种补贴、农机具购置补贴等生产性补贴为主要手段，应以粮食生产户为主要对象，补贴方式要有利于促进农户的粮食生产，并且应重点倾向于种粮大户，从而适应新形势下的粮食生产形势。

袁宁（2013）通过对农户调查获得的资料，对农户满意度的影响因素进行研究，发现农户的收入水平和年龄等因素对农户的满意度有着显著影响，并建议粮食补贴政策的制定应从提高农户的利益角度进行设计，若一项政策与农民的利益背离，则执行起来就非常有难度。目前的粮食补贴水平偏低，不足以达到农户增收的效果，因此补贴标准需要提高；针对农民角色分化、普遍有兼业的情况，应采取相关措施进一步提升农户粮食生产的规模化水平。

李韬（2014）通过对河北省粮食种植农户进行调查，获取了农户的种粮意愿、个人特征和粮食补贴相关数据，从农户的角度，基于两个变量的 Probit 模型，研究了粮食补贴政策对农户种粮意愿的影响，结果表明，尽管农户对粮食补贴政策的满意度较高，但是粮食补贴政策没有明显增强农户的种粮意愿，与粮食补贴政策的初衷相背离。

4. 粮食安全研究

臧文如（2012）运用宏观经济数据和实地调查得到的数据，采用灰色关联分析方法，对我国粮食直补政策的粮食数量安全效应开展研究，结果表明，粮食直补政策对促进粮食数量安全具有重要作用，但是影响程度有限。从执行的效果来看，粮食直补政策在 4 项粮食财政直接补贴中效果最差，提高粮食产量的效果要低于粮食自给率的效果。

魏君英和何蒲明（2013）运用 13 个粮食主产区的面板固定效应模型，对粮食播种面积受到的影响因素进行了实证分析，结果发现，粮食直接补贴对粮食种植面积的影响要小于对粮食作物价格的影响；农业的生产资料和经济作物的价格显著负向影响粮食种植面积，而粮食作物的价格显著正向影响粮食种植面积。

胡岳岷和刘元胜（2013）把粮食安全分为生态安全、品质安全、数量安全、健康安全 4 个维度，农民转移到非农领域就业趋势明显，导致粮食生产效率低下。非农收入比重的提高，从事农业生产的机会成本上升，导致农户不再热衷于农业生产，也使得生产效率降低；城镇化和工业化的推进，占用了大量农地，导致耕地减少，粮食增产的潜力不足，粮食数量安全受到考验；农民的逐利行为，只重粮食产量，而不注重粮食质量，同时监管体系缺失，导致粮食品质有所下降；恶化的生态环境给粮食生态安全带来不利影响；粮食生产的安全标准缺乏、农户的安全意识薄弱，严重影响粮食安全。

吴连翠和谭俊美（2013）研究了粮食补贴政策通过什么样的

路径发挥作用，建立了农户的生产决策模型，分析农户行为受到粮食补贴政策的影响程度，实地调查了安徽省的粮食种植农户数据，为验证粮食补贴政策对粮食产量的促进作用，构建了包含粮食补贴变量的柯布－道格拉斯生产函数，研究结果表明，农户的粮食生产受到种植决策和投资决策的影响，而种植决策和投资决策又受到粮食补贴政策的影响，粮食补贴政策能显著增加粮食产量。

吕新业和冀县卿（2013）认为我国粮食安全面临很多挑战，如经济发展全球化、气候因素、我国城市化的推进、农户非农就业、农业科技相对落后、水资源短缺、农业发展带来的环境问题，因此，提出必须落实最严格的耕地保护制度，加强耕地资源的保护；加快农业基础设施薄弱环节的建设；充分利用科学技术，推广先进的农业技术，努力提高粮食单位面积产量；要想方设法增加农民收入，提升我国粮食安全水平。

黎东升和曾靖（2015）分析了经济新常态下我国粮食生产所要保障的安全目标，包括资源安全、产品安全、贸易安全和生态安全。当然，我国目前的粮食安全也存在很多问题，比如说，粮食的浪费情况十分普遍，进口粮食对于国产粮食的冲击性也很大，国内粮食生产的成本较高，但进口关税相对较低，可用来生产粮食的资源不断减少，农业面源污染较重，进一步提升政策支持的空间不大，农户种粮积极性较低。

贾利军和杨静（2015）研究发现，农村劳动力呈现弱化趋势，粮食安全生产受到挑战；粮食生产效率提升受到制约，集约化、规模化生产粮食难以实现，农民较低的知识水平难以应对粮食市场的变化；要想方设法提高农民素质，加大财政投入，建立农民培训体系；鼓励闲置土地进行流转，创造规模化经营条件；要进一步提高农业集约化、机械化水平，实现农业产业化、专业化，保障粮食安全。

（三）研究评述

国外学者有较多关于粮食补贴的研究，并有如下特点。一是较多研究集中在粮食补贴政策对某一地区的执行效果上，从而分析粮食产量和农民收入受到粮食补贴政策的影响程度。二是对政策执行的效果存在分歧。国外学者对粮食补贴政策实行的效果看法并不一致，有的学者认为会造成农产品价格的扭曲，对国际贸易造成阻碍，但也有的学者认为粮食补贴政策可以促进农业发展，并且提高农民的收入。三是国外学者在粮食补贴政策上的研究以定量分析为主，不少学者通过建立数据模型进行分析。四是国外学者较少研究中国的粮食补贴政策。国内学者对粮食补贴政策的研究非常广泛，并且成果丰硕：一是对粮食补贴政策的研究非常深入，粮食补贴政策关系全局；二是对政策的实施效果开展了研究，认为粮食直补政策能够提升粮食产量和农户收入，但也有的学者认为效果并不明显；三是对农户种粮态度和行为进行了研究，认为粮食补贴政策提高了农户的种粮积极性，农户对粮食直补政策的满意度较高；四是对粮食直补政策的优化进行了研究，提出了很多改进粮食直补政策的措施；五是重点研究政策对于粮食安全问题的影响，针对问题提出相应的解决措施。

综上文献可知，粮食补贴政策研究虽已取得不小的成效，但也存在一定的局限性，如对粮食直接补贴政策的分析不够全面，分析国家粮食补贴政策实施效果也主要从促进农民收入增加和实现粮食增产进行分析，没有对粮食直补政策的实施效果做全面研究，已有文献的定量分析中也缺少对政策影响粮食安全的路径分析。现有文献对粮食直补政策的实施效果研究结论也并不一致，有的学者认为政策效果显著，但也有的学者认为效果并不明显。现有的关于我国粮食财政直接补贴政策实施效果的研究结果，为该项政策的进一步研究提供了良好的借鉴意义。在此基础上，需要对粮食直补政策实施以来政策效果如何做比较系统的实证分析，比如，粮食直补是不是导致粮食产量和种植面积同时增加的根本原因？粮食的直接补贴政策是否真的能够对于农户种植粮食的态度、粮食的产量以及质量有一定的影响？如果这两个问题的答案是肯定的，那么其影响路径是怎样的？进一步的，我们应该怎样优化先行的粮食直补政策，进而激发最大的政策效果？已有研究没有全部系统地回答这些问题，因此本书拟选择陕西省为研究对象，对上述问题进行回答。

四 研究思路与方法

（一）研究思路

本书根据弱质产业扶持理论、正外部性理论、工业反哺农业理论，采用理论演绎法、描述统计法、计量经济学模型，选择陕西省为样本对我国粮食直补政策实施效果进行分析。本书首先阐述研究的问题、目的、意义和研究框架；然后在陕西省粮食直补政策进行总体把握的基础上，一方面分析农户对粮食直补政策满意程度和政策开展的绩效，另一方面分析粮食直补政策的粮食安全效应；最后通过构建结构方程模型综合分析粮食直补政策如何影响农户粮食生产决策和行为、粮食安全，找出粮食直补政策对粮食安全效应的作用路径，并提出相关政策建议。

（二）研究方法

粮食直接补贴对象是主要粮食作物，因此，本书分别以陕西省主要粮食作物小麦和玉米的种植农户为微观样本，通过分析粮食直补政策的农户满意度和粮食安全效应，检验粮食直接补贴政策包括不同地区粮食补贴额度大小、方式是否对它们产生显著影响。

　　研究数据包括粮食产量、粮食播种面积、直接补贴等资料。本研究使用的资料来源于中国农业信息网（http：//www. agri. gov. cn）、国家粮食局网站（http：//www. chinagrain. gov. cn）、陕西省财政厅网站（http：//www. sf. gov. cn/index. htm）、《中国统计年鉴》、《中国农村统计年鉴》、《中国农业年鉴》等。

　　同时数据的获取还有赖于实地调研。本研究已于 2015 年对陕西省 6 个县的 60 个村组织开展，共发放问卷 600 份，收回问卷 586 份，删除回答不完整的问卷，共获得有效问卷 537 份。之所以选择上述样本点是因为陕西是我国的小麦主产省，自 2004 年实施小麦良种补贴以来，其就是最主要的受益省份之一，补贴资金连年增加，补贴范围不断扩大，目前已经实现了全覆盖。具体的分析方法包括以下几种。

　　（1）文献分析方法。笔者通过大量阅读粮食直接补贴政策的相关文献，并进行归纳和总结，了解研究的现状和趋势，为本研究的展开提供了积极的指导。

　　（2）宏观与微观相结合的方法。在分析陕西省粮食直补政策的效果时，既有宏观层面的数据，即在进行粮食直接补贴政策的绩效研究和粮食安全效应研究的数据主要来源于 2001～2015 年的《中国统计年鉴》，也有微观层面的数据，即在研究粮食直接补贴政策的农户满意度及其影响因素、粮食直接补贴政策对粮食安全影响路径时，采用的数据来源于陕西省 600 户农户的调查数据。

　　（3）理论分析法。从理论层面分析粮食直补政策的影响机制，运用弱质产业扶持理论、农产品价格波动理论、公共产品提供理论、公共政策理论等相关理论，做理论上的分析。

　　（4）统计分析方法。使用描述统计的方法，对陕西省粮食直接补贴政策的实施状况进行分析。运用描述统计分析方法，研究农户对国家粮食财政直接补贴政策实施的满意度。在对满意度差异性进行分析时，两分组变量采用独立样本的 T 检验方法，多分组变量采用单因素方差分析方法，最后得出了性别、年龄、学历等因素对于国家推行的粮食直接补贴的满意度是否存在差异这一调查结果。在分析粮食直接补贴政策的粮食安全效应时，也用到描述性统计分析方法。

（5）实证研究法。

第一，在分析陕西省的农户满意度影响因素时，运用多元有序 Logit 回归模型对满意度的影响因素进行分析。

我们假定因变量 y 的等级有 K 个，分别采用 1，2，$\cdots$，K 表示，自变量为 x，它的个数为 m 个，可以得到多元有序 Logit 模型为：

$$n[p(y \leq k)] = \ln\left[\frac{p(y \leq k)}{1 - p(y \leq k)}\right] = \alpha_k + \sum_{i=1}^{m} \beta_i x_i \ (k = 1, 2, \cdots, K-1)$$

$$(1.1)$$

由式（1.1）估计出参数 β 后，可以得到第 k 个等级的累积概率为：

$$p(y \leq k) = \frac{\exp\left(\alpha_k + \sum_{i=1}^{m} \beta_i x_i\right)}{1 + \exp\left(\alpha_k + \sum_{i=1}^{m} \beta_i x_i\right)} \ (k = 1, 2, \cdots, K-1) \qquad (1.2)$$

其中，α_k 为截距参数，与 β 同时被估计。

本书的因变量为农户对粮食直补政策的满意度，采用李克特 7 级尺度进行测量，即 "1" 表示非常不满意，"2" 表示不满意，"3" 表示比较不满意，"4" 表示一般，"5" 表示比较满意，"6" 表示满意，"7" 表示非常满意。自变量共 13 个，分为四类，个人特征变量（性别、年龄段、学历、除种粮外是否有一技之长、外出打工是否方便）、家庭种植情况（种粮收入占家庭总收入的比例、家庭的粮食种植总面积、有无种植非粮食经济作物、是否容易遭受旱涝等自然灾害）、了解度（对粮食直接补贴政策的了解度、是否了解政府进行粮食直接补贴的目的）、政府行为（政府是否对粮食直接补贴政策开展宣传、是否注意过粮食直接补贴有关信息的公示）。

第二，在评价陕西省粮食直接补贴政策的绩效时，运用 AHP 法（层次分析法）。

AHP 法的分析步骤包括建立评价指标的层次分析模型、构造判断矩阵、层次单排序和一致性检验、层次总排序。

首先，应该关于评价指标的层次建立一个相应的模型。运用 AHP 法进行分析问题时，要把分析的问题转化为层次分析模型，将复杂问题分解为由若干层次的元素组织部分。上一层元素为下一层元素的总领，层次一般可以分为三层。①基础层：也称为最底层，这一层包含了衡量目标可以测量的具体指标，可以是不同的方案、措施等。②中间层：这一层包括了衡量目标对应的中间环节，可以由多个部分组成，包括中间指标、子准则等。③目标层：也称为最高层，只有一个因素，也是我们需要测量的目标。

其次，构造判断矩阵。上一步建立的层次分析模型反映了各层次之间的关系，但对各因素的重要程度不同的决策者有不同的看法。各因素在测量目标中占的比重不易被量化，从而各因素的权重也不好被确定，同时如果因素较多，则也难以确定各因素在测量目标中的比重大小。因此，需要利用这些因素构建一个矩阵，从而能够得到每个相关因素所占的比重。

再次，层次单排序与一致性检验。通过层次单排序可以得到各个因素所占的比重，在这个步骤之中，需要进行的就是矩阵的最大特征值和特征向量。特征向量对应的就是各个因素所对应的比重。在所有计算特征向量的方法之中，最为常用的就是和积法和方根法。

最后，进行层次总排序。根据上一步层次单排序的结果，计算出更上一层次的大小顺序，这就是层次总排序要做的工作。

第三，在分析粮食直接补贴政策对粮食安全影响路径时，采用结构方程模型进行实证研究。

结构方程模型（Structural Equation Modeling，SEM），也称为

潜在变量模型，它整合了因素分析、路径分析和多元回归分析，可以用来测量多个自变量与多个因变量之间的关系。同时检验模型中的显变量、潜变量、干扰变量之间的关系，从而获得自变量对因变量影响的总效果（Total Effects）、间接效果（Indirect Effects）和直接效果（Direct Effects）。

在进行结构方程分析之前，需要对样本进行信度检验、效度检验、探索性因子分析、验证性因子分析。检验所建立的模型是否符合要求，结构方程模型分析的条件是否成立。若满足要求则可以进一步运用结构方程模型分析粮食直补对粮食安全的影响路径，检验样本数据和假设模型的配适程度。

运用结构方程模型可以检验中介效应，而本书就选取了以下三种常用方法来进行检验该效应，分别为模型效应分解法、系数乘积检验法、Bootstrapping 方法。

首先采用模型效应分解法，进行中介效应检验，对了解度、满意度、积极性和粮食安全之间的影响效应进行分解。

其次采用系数乘积检验法，假定自变量为 X，因变量为 Y，中介变量为 M。变量之间的关系为：

$$Y = cX + \varepsilon_1 \tag{1.3}$$

$$M = \beta_2 + aX + \varepsilon_2 \tag{1.4}$$

$$Y = \beta_3 + c'X + bM + \varepsilon_3 \tag{1.5}$$

检验中介效应是否存在的系数乘积检验法，即检验 H_0: $ab = 0$，是否成立，也即检验 a 和 b 的乘积是否显著异于 0。最常用的检验方法为 Sobel 检验法，设 s_a、s_b 分别为系数 a 和 b 的标准误，令 $s_{ab} = \sqrt{a^2 s_b^2 + b^2 s_a^2}$，检验统计量 $z = ab/s_{ab}$。假定 z 值比 1.96 要大，则表明模型中介效应存在，否则就表明模型中介效应不存在（温忠麟等，2004）。

最后采用 Bootstrapping 方法来验证中介效应。Bootstrapping 方

法的运用是与正态分布知识相结合的，它不依赖于对数据的正态分布要求。该方法在确定了一定样本数量之后，在总体中进行有放回的反复抽取，经过一定抽选次数之后，对抽样结果进行数据统计分析，并根据分析结果来最终估计相应的参数。采用 Bootstrapping 方法能够很好地对样本进行分析，且有放回的选取还可以提高样本对总体的代表性，其估计的结果也就更可信。通过前期文献的模拟研究进一步发现，与其他中介效应的检验方式相比较，Bootstrapping 具有更高的统计检验效力（方杰等，2011）。

（三）技术路线

本书的技术路线如图 1-1 所示。

五　可能的创新之处

（1）采用结构方程模型（SEM）分析粮食直接补贴政策对粮食安全的影响路径，研究发现，粮食安全受农户对政策的满意度和了解度的影响，也受农户种粮积极性的影响；种粮积极性在满意度与粮食安全之间起中介作用，种粮积极性也在了解度与粮食安全之间起到了中介作用。目前，国内研究粮食直接补贴政策对粮食安全影响路径分析方面的文章较少，采用结构方程模型开展政策路径分析的文献更少，本书为粮食直接补贴政策研究提供了一种新的思路。

（2）运用多元有序 Logit 回归模型分析陕西省粮食财政直接补贴政策实施后的农户满意度与其受到的影响因素，结果表明，粮食种植面积多的农户满意度较高，年龄越大的农户满意度越高，学历水平较低的农户满意度较高等。现有文献较少对陕西省农户的满意度开展研究，未能了解陕西省农户粮食直补政策的满意度状况，本书对陕西省农户的满意度状况做了较为深入的分析。

（3）采用 AHP 法对陕西省粮食直接补贴政策绩效进行了分析，粮食财政直接补贴政策扭转了粮食生产绩效下降的局面，粮食直补政策改善了农业生产条件，促进了粮食生产效率的提高。本书通过评价陕西省粮食直接补贴政策绩效，提出了政策改进的相关建议。

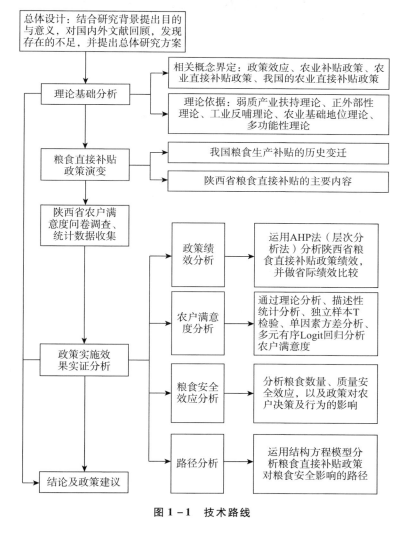

图 1-1　技术路线

▶ 第二章
农业直接补贴政策效果的理论基础

一　相关概念界定

（一）政策效果

国内学者从多个方面对粮食直补政策效果开展了研究。张冬平等（2011）研究了河南省农户良种补贴满意度的影响因素。韩红梅（2013）分析了河南省的小麦种植农户对粮食补贴政策满意度及影响因素。占金刚（2012）采用面板数据，对粮食补贴政策的绩效进行了评价。臧文如（2012）采用灰色关联分析方法，对我国粮食直补政策的粮食数量安全效应开展研究。胡岳岷和刘元胜（2013）把粮食安全分为生态安全、品质安全、数量安全、健康安全4个维度。吴连翠和谭俊美（2013）研究了粮食补贴政策通过什么样的路径发挥作用，建立了农户生产决策模型，分析农户行为受到粮食补贴政策的影响程度。前文通过梳理相关学者的研究成果，可以发现在政策效果的定义方面，有的学者从农户满意度的角度，有的学者从政策绩效评价的角度，有的学者从粮食安全效应的角度，也有的学者对粮食补贴政策做了路径分析。本书从农户粮食补贴政策的满意度及影响因素、粮食补贴政策的绩效评价、粮食安全效应、粮食安全影响路径分析4个方面研究陕西省粮食直接补贴政策的实施效果。

（二）农业补贴政策

顾名思义，农业补贴政策就是一国政府通过利用国家公共财政收入，对农业活动中所涉及的农民、农产品以及各种与农业生产有关的环节无偿给予资金或者其他的各种补贴方法，推行这项政策的主要目的就是促进农业水平的发展，在保持粮食产量的基础之上，保证农民的生活水平，保证国家整体的良性发展。农业补贴政策需实现的目标主要有：农产品的供求总量平衡和结构平衡，促进农业生产者生活水平的提升，使农业的发展可持续等（羊文辉，2002）。

农业补贴可从不同的角度进行相应的分类。

1. 按 WTO 农业协定分类

农业补贴政策如果根据 WTO 农业协定相关条文可分为绿箱、黄箱、蓝箱政策，绿箱政策是指不会形成扭曲生产和贸易，或者扭曲程度比较轻，黄箱政策是指会形成扭曲生产与贸易，篮箱政策是指限产计划下给予的不在削减国内支持的承诺内的直接支持政策；绿箱政策和蓝箱政策通常可免于削减承诺，黄箱政策则需削减的承诺或微量许可。绿箱、黄箱、蓝箱政策具体见表 2 – 1。

表 2 – 1　农业补贴的政策体系

绿箱政策	黄箱政策	蓝箱政策
由政府财政开支的一般性农业生产服务，包括研究、病虫害控制、培训农业生产技巧、进行技术的普及和推广、对于农产品进行营销政策、推进农村基础设施的建设	价格支持	按固定面积或者产量提供的补贴
粮食安全储备补贴	营销贷款	根据基期生产水平85%（含）以下所提供的补贴

绿箱政策	黄箱政策	蓝箱政策
国内食品援助	按面积给予的补贴	按牲口的固定头数所提供的补贴
对生产者的支付	按牲畜数量给予的补贴	
不挂钩收入支持	种子、肥料、灌溉等投入补贴	
收入保险和收入安全网计划中政府的资金参与	某些有补贴的贷款	
自然灾害救济支付		
通过生产者退休计划提供的结构调整援助		
通过资源停用计划提供的结构调整援助		
通过投资援助提供的结构调整援助		
环保支持		
地区援助计划下的支付		

2. 按补贴对象分类

针对补贴对象又可以将农业补贴具体划分为对经营者、消费者和生产者的补贴。其中，对经营者的补贴是指对从事粮食买卖的企业进行补贴，进而活跃粮食买卖市场；对消费者补贴包括对粮食或者主要食品的平价供应，使粮食的供应价格降低以满足居民的需求，也包括对贫困居民的补贴；而对生产者补贴则主要是针对实质性从事粮食生产活动的农民进行的补贴，该种补贴通常是农业补贴政策的重点部分，生产的多少直接影响粮食产量的充足与否以及粮食的安全问题。

3. 按是否挂钩分类

挂钩在这里指的就是农业补贴是否与农业生产活动相挂钩，按照这个基准的划分，可以将农业补贴分为挂钩与脱钩补贴，其中挂钩补贴是指农业补贴的政策要与农业生产活动相结合，针对活动过程中的各个环节给予优惠政策；脱钩则是从农业生产活动以外，给予农民的各项优惠政策。

4. 按农民是否直接获益分类

所谓的直接补贴与间接补贴政策是依据农民在补贴政策中获益的形式来区分的。通常情况下，农民如果可以直接在政策中得到资金的补贴，或者种植的成本因某项政策而降低，那么这就是直接农业补贴政策；还有一类就是农民不直接获益，而是因某项政策的实施保证了最基本的获利空间，那么这类政策就是间接农业补贴政策，农业间接补贴政策的形式主要有农业基础设施补助等。

（三）农业直接补贴政策

农民可以在农业补贴政策中直接享受到政策带来的优惠，那么该类补贴就可以归为农业直接补贴政策。直接补贴政策的实施能够更好地使农民感受到国家给予农业的大力支持，进而提高种粮积极性，提高粮食产量。

1. 从补贴性质的角度可分为综合性直补和专项性直补

综合性直补的主要目的是增加农民收入，促进农户收入水平的提升，弥补农户的损失，并按相应的标准对生产者进行补贴。WTO 农业补贴政策体系中的不挂钩收入支持、按面积给予的补贴等政策属于综合性直补。欧美等发达国家较多采用的是综合性直补的方式，我国目前实行的综合性直补政策是粮食直补、农资综合直补政策。

与专项性直补相挂钩的是农户的生产行为，通过财政转移支付引导农户增加某方面的投入，通常对种植的品种等特定对象和农户的行为进行补贴，WTO 农业补贴政策体系中与生产挂钩的补贴，以及有特殊作用的公共服务的补贴属于专项性直补。我国的专项性直补有良种补贴、农机具购置补贴等。

2. 按补贴标准可分为固定补贴与差价补贴

固定补贴的补贴标准较为固定，不与农产品市场价格产生关系。差价补贴按市场价与政府保护价之间的差额进行补贴，补贴水平每年变化，最低保护价收购政策属于差价补贴政策。

3. 按是否与生产挂钩可分为不挂钩的农业补贴和挂钩的农业补贴

不挂钩的农业补贴是指不与农业生产挂钩的补贴，其包括农业保险、农村基础设施的投入补贴；不挂钩的补贴通常按基期农户计税土地面积、粮食产量等进行补贴，与当期农户生产、种植情况无关。挂钩的农业补贴是指与农业生产挂钩的补贴，主要有粮食保护价收购政策、良种补贴等；挂钩的补贴常常分为与粮食生产数量和与粮食交售数量相挂钩的补贴。

（四） 我国的农业直接补贴政策

农业补贴政策在我国经历了从商品粮差价补贴到粮食直接补贴，经过三十多年的发展，现在已经形成了以粮食直接补贴为核心，农资综合补贴、良种补贴以及农机具购置补贴为重要内容的农业补贴体系。粮食直接补贴发放的主要依据就是农户种植农产品的面积或者粮食的产量；农资综合补贴则是对农业生产材料进行补贴，旨在降低农业生产成本；良种补贴则是对种植良种的农民进行的专项补贴，也是国家鼓励农民使用良种的一项政策；农机具购置补贴主要是为了提高我国农业现代化水平，普及机械化在农业生产中的应用。本章只对我国以上 4 项农业直接补贴政策做概念性的说明，详细情况将在第三章中进行说明。

（1）粮食直接补贴政策。粮食直接补贴政策的实施是顺应时代发展的产物，其出台的初衷是稳定我国粮食安全，保障粮食产量的充足，进而激发农民种粮积极性，提高农民收入，推动农业经济的发展。粮食直接补贴政策的补贴范围是种粮农户，不同地区补贴标准也有所差异。

（2）农资综合补贴政策。这个政策实施的主要背景是农户在从事农业生产的时候所需要的各项支出的费用不断上涨，比如说农药、种子等产品的价格不断上涨，造成农户种植粮食的成本增加，所以国家就对农民进行了相应的补贴，从而减轻农民的压力，提高其生产积极性。

（3）良种补贴政策。良种补贴政策是国家对采用优质良种的农民进行补贴，通常采用折扣销售或现金补助的方式。良种补贴是为了提高粮食单产，提升农作物的品质。良种补贴实施的品种范围包括小麦、水稻、玉米等。

（4）农机具购置补贴政策。农机具购置补贴政策是指农户购买的农业机械在国家规定的目录范围内由国家给予一定额度的价格减免，从而实现以较低的价格购买农机。农机具购置补贴政策是为提升农业生产能力，鼓励农户使用先进的农业机械，提升农业的机械化水平。

二　农业补贴政策理论依据

关于农业补贴的相关问题已经成为世界性的研究课题，众多学者对农业补贴政策产生的原因从不同的角度进行分析，主要有以下几方面的经济学解释。

（一）弱质产业扶持理论

粮食产业具有弱质性，其生产过程中自然风险和经济风险并存。粮食生产过程受到气候、土壤等生产要素的制约，容易受到洪涝、干旱、冰冻等自然灾害的影响，自然风险很大，粮食生产具有不确定性，极易遭受很大损失。在经济风险方面，粮食生产不但具有很长的周期性，而且具有很强的季节性，受市场经济信息不对称的影响，粮食产量通常与市场需求存在差异，这是粮食生产中存在的市场风险。这些风险会让民众产生顾虑，从而减少粮食的种植数量，对粮食的生产也产生影响。

粮食的供给和需求价格弹性并不平衡。粮食是人类生活的必需品，对其具有相对稳定的需求，因此其需求价格弹性较小。另外，粮食供给易受到自然灾害、价格等因素的影响，粮食供给会相应表现出较大的波动，因此粮食的供给价格弹性较大。粮食需求价格弹性较小而供给价格弹性较大，会严重影响粮食的生产。当出现粮食供大于求的情况时，粮食的需求价格弹性较小，将引起粮价出现较大程度的下跌，因而农户虽然增加了产量但其收入没增长，反而会下降，农户的种粮积极性会减弱，粮食种植面积减少，导致下一期粮食供给短缺局面的出现。当出现粮食需求超过供给的情况时，粮食的需求价格弹性较大，将引起粮价出现较大程度的上涨，从而促使农户增加粮食的种植，导致下一期粮食供大于求局面的出现。这样就会交替出现粮食过剩与短缺的现象，损害种粮农民的利益，国家的粮食安全也受到挑战。随着人们生活水平的提升，粮食需求弹性较小，粮食消费比重会越来越低，从而导致与其他产业相比种粮收益进一步下降，种粮积极性受到影响。

粮食生产资源紧俏，并且具有较低的投资回报率。一方面是人们生活水平不断提高，对粮食的质量和品种也提出了更高的要求，而同时用于粮食生产的资源却越来越紧缺，特别是城市化的推进导致耕地面积的减少，经济发展带来的土壤污染和水污染的加剧等因素都使得粮食生产受到影响。另一方面是粮食生产风险较大，投资回报率低，见效慢，投资回收期长，相对其他产业粮食生产的比较收益低，因而不能有效吸引资本进入。

从世界范围内来看，相对其他产业而言粮食产业具有弱质性，因而政府需要对其进行扶植。特别是对我国来说，资源匮乏、农民众多，粮食产业具有更为明显的弱质性，从而对粮食产业进行补贴更为必要。

（二）正外部性理论

经济学中的外部性是指某项经济活动对其他人员产生的影响，而这种影响不能通过市场进行交易，价格机制无法发挥作用。外部性可以分为正外部性和负外部性。正外部性指的是某个项目可以带给其他人好处，而自身却无法从其他人员获得的好处中获得补偿，因而个人利益小于社会利益，产生正外部性。如果一项经济活动给其他人员造成损失并且很难弥补，经济活动的私人成本小于社会成本，该项活动就具有负外部性。

粮食产业存在显著的正外部性，并且是国民经济的基础产业，对人类生存、经济发展有着举足轻重的贡献，使得非农部门具有更好的发展基础，具有较低的生产成本，从而提升经济效益，但造成农业部门比较收益下降。因此需采取措施将外部效应内部化，可以通过对农业部门进行补贴，鼓励农业部门提供外部效应（宗义湘，2006）。

（三）工业反哺农业理论

一国工业化发展到一定时期后，工业需要反哺农业是工农关系和城乡关系出现的新特征的一种概述。大部分国家当经济发展到一定程度时，工业反哺农业的能力有所具备，为了使各产业的发展更加协调，经济发展的基础更加稳固，此时农业补贴相关政策开始实施。从世界范围来看，工业由农业作为支撑进行发展，农业再受工业的反哺，是工业化经历的过程。

在国家发展的初期，如果没有农业剩余进行积累，则工业发展无法得到有效支持。农业支持工业的方式有：发展到一定程度的农业产生的剩余劳动力进入工业领域支持工业的发展；农业税费的实施征收，使工业发展具备了资金的前期积累；较低的农产品价格与工业品相比产生的"剪刀差"，为工业发展提供了较低的成本；工业化还未发展起来时，通过农产品换取的外汇，为工业发展积累外汇。在经济发展的初期，农业资源会对工业发展产生非常重要的作用。当工业化持续推进到一定时期，工业成为主导产业，具备依靠自身独立发展的能力，工业发展不再需要农业提供资金支持，农业也就具有了国民经济的基础产业的作用，农业的历史使命基本完成。在该时期为了达到国民经济协调发展的目的，不仅要依靠市场机制，政府同样需要采取有效措施，扶持农业发展、保护农业，使工业反哺农业发展。

工业反哺农业的时期分为转折期和全面实施期。工业反哺农业的转折期是一国进入工业化中期。工业化中期的标准是从最不发达国家到最发达国家完成 1/3 的过程，即人均 GDP 高于 1064 美元（以 1992 年为基期，以美元计价）、城市化率达到 30.5%、农业产值比重低于 39%、农业就业比重小于 52%、初级产品出口占 GDP 的比重不高于 10.5%。全面实施期区分的标志主要以各国的社会经济活动和反哺农业政策的突出变化为标准。这一时期的主要经济特征有：在欧美国家人均 GDP 位为 5000~7000 美元（购买力平价，下同），在新兴工业化国家与亚洲国家人均 GDP 位于 3500~4500 美元；在欧美国家农业 GDP 占比不高于 10%（法国例外），在亚洲国家不高于 15%；农业 GDP 与工业 GDP 的比为 1:3 左右；在欧美国家农业就业占比不高于 27%，而在亚洲国家不高于 30%；城市化人口比率达到 50%。从以上标准来看，我国已经具备工业反哺农业的能力，在这时政府应采取辅助措施支持农业发展，保持与国民经济的发展相协调。

（四）农业基础地位理论

人类社会的生存基础是农业，社会再生产需要依靠农业劳动，社会分工出现在农业劳动力和农产品出现剩余时，此时经济得以进一步发展。

首先，食物是人类生存最基本也是最重要的生活资料，只有农业生产才能提供食物，植物的光合作用产生碳水化合物等营养成分的能力其他行业无法取代，粮食又是重中之重。

其次，农业是其他行业得以再现并进一步发展的基础。农业和工业的分工出现是以农业生产效率的提高、产品剩余的出现为前提的，如果农业发展不好，其他产业的发展将无从谈起，农业生产同时也会制约其他产业的发展。农业产业作为基础产业，不仅提供原料，而且粮食价格和产量的相对稳定对其他产业的发展起着至关重要的作用。

农业在粮食、原料、市场和劳动力方面对国民经济有着很大的贡献，农业部门向国家缴纳的税费作为资金的积累，出口农产品又会形成外汇储备，农业为经济增长提供原动力，因此农业的基础作用显而易见。农业重要的基础地位，决定了政府有必要采取措施保持农业发展的稳定。

（五）多功能性理论

与其他产业不同的是农业产业具有多重功能，其不仅提供粮食等农产品，还能保护生态环境、促进农村经济发展、提供景观等功能。农业的商品生产功能明显，如提供粮食；同时还具有非商品生产功能，如保持水土、净化空气等功能。农产品不仅具有有形的价值，还具有无形的价值，农业的多功能性预示着农业需要进行保护和发展。日本的"稻米文化"是最早出现农业多功能性概念的，随后在联合国的文献中又相继出现农业多功能性的概念，如《21世纪议程》《罗马宣言和行动计划》等。越来越多的国家认同农业具有多功能性，欧盟等国家把农业的多功能性作为保护农业发展的依据，出台了相关的保护措施，以维持农业可持续发展。在经济发展过程中，农业的地位也随着农业生产效率的提升而改变，农业的多功能性作用越来越明显，并且可以在不同范围内发挥作用，具体见表 2 - 2。

表 2 - 2　农业多功能性的作用概括

环境功能	社会功能	粮食安全功能	经济功能	文化功能
全球：				
维持生态环境	社会稳定	世界粮食安全	经济增长	文化多样性
缓解气候变化	消除贫困		消除贫困	
维持生物多样性				
国家：				
维持生态环境	减轻农村人口盲目向城市流动的副作用	食物供给保障	保障劳动力就业	文化传承
水土保持	替代性社会保障福利	国家粮食安全	经济缓冲	独有的文化特征形成
维持生物多样性	社会资本形成	食物卫生安全性		对农业作用的新认识
维持空气质量				
当地：				
维持生态环境	通过对农业和农村就业对农村社区产生稳定效果	地区性粮食安全	第二和第三产业的就业效果	利用景观和文化开展旅游等活动
水土保持	提高家庭不同性别成员的价值	农户粮食安全		传统技术知识的继承
维持生物多样性				
污染排放和治理				

资料来源：倪洪兴（2003）。

三　研究框架

首先对相关概念进行了界定，包括政策效果、农业补贴政策、农业直接补贴政策和我国的农业直接补贴政策。其次基于弱质产业扶持理论、正外部性理论、工业反哺农业理论、农业基础地位理论、多功能性理论等农业补贴政策的理论依据，借鉴国内外有关研究成果，对陕西省的粮食直接补贴政策的实施效果开展研究。运用统计资料和实地调研获得的相关数据，从 4 个方面对陕西省粮食直接补贴政策实施效果开展了研究：一是采用独立样本 T 检验和单因素方差分析等统计方法分析粮食直补政策的农户满意度，运用多元有序 Logit 回归模型分析农户满意度的影响因素；二是运用 AHP 法对于陕西省的绩效进行计算，并且将这些绩效与其他省份的绩效进行比较；三是对粮食直接补贴政策的粮食安全效应进行了分析；四是运用结构方程模型分析了粮食直接补贴政策对粮食安全的影响路径。

▶ 第三章
陕西省粮食直接补贴政策分析

我国是农业大国，粮食补贴政策作为一项重要的惠农政策经历了悠久的发展史。随着改革开放的发展，党和国家领导人依据我国具体国情实施了粮食直补政策，本章将叙述该政策三十多年的发展历程，并以陕西省粮食直补政策实施的详细情况为依据，来探讨我国粮食直补政策的现状。

一 我国粮食生产补贴的历史变迁

（一）补贴消费者阶段

1978 年，国家开始以包干到户的形式实行家庭联产承包责任制的政策，此时粮食市场才开始进入流通阶段。但先前计划经济体制下农民的生产积极性不高，使得 1978 年农产品依然欠缺、农民收入水平依然很低，面对第一产业这种发展低下的现状，国家为了鼓励更多的农民参与到包产到户的种粮政策之中、提高全国粮食收入量，也为了鼓励更多的农户和经销商参与到粮食购销的市场之中去，实施了对购销过程中的差价以及经营费用进行补贴的政策，补贴的费用均由国家财政承担。从 1979 年开始粮食的统购价格提高了 20%，涉及的统购品种也越来越多。截至目前，全国小麦、稻谷等 6 种粮食的统购价格增加到 12.86 元/50

公斤，粮食统购价格大幅度上调。另外，国家还针对粮食交易过程中相应的指标做了调整，使得粮食市场逐渐活跃起来。除了上调统购价格之外，国家还对征购指标做了调减，粮食市场也得以恢复。在整个政策实施的过程中，国家对粮食购销的补贴力度逐年加大，也有更多农户和经销商参与到粮食购销市场中。但是，这时期的补贴政策更侧重于对经销商的补贴，农户获得的补贴相对较少。

1985年，国家为了均衡经销商与农户之间的补贴力度，进一步提高农户种粮的积极性，出台了"双轨制"粮食补贴政策，该政策不仅规定了对购销差价和经营费用进行补贴，还强调了对农户种粮过程中使用的化肥、柴油和预交定金一律实行平价政策，而且为了获得真正的平价效果，国家废除了粮食统购政策，转而开始实行粮食合同订购政策，但是实行这项政策并不是为了让所有的粮食都必须通过这种措施进行销售，剩余的其他粮食依然可以用别的方法进行销售，并且还规定了对其收购不得低于保护价格。"双轨制"粮食补贴政策的实行的确使农民获得的补贴的优惠力度更大，但当地相关部门为了完成自身业绩指标，往往急于求成，采取强硬手段逼迫农民定购更多粮食，这又削弱了农民的积极性与自主权。到20世纪90年代初期，"国家定购"政策开始盛行起来，农民可以根据自身实际情况定购粮食，由此获得了很大的自主权，而且这种政策没有被地方相关部门采取强制执行措施，使得定购数量比以前减少了很多，另外，粮食品种的多样化、优质化也在不同品种之间形成了差异化的价格，粮食价格总体上呈现提高的趋势。1990年，国务院决定实行"国家定购"取代"合同定购"政策，农民应按规定完成定购任务，这就使得粮食定购数量减少，定购价格得以提高。从"双轨制"发展历程中可以看出，该政策在实行过程中，对化肥、定金和柴油的补贴力度逐渐加大，每年财政拨款总额也呈现增长的趋势，这就在很大程度上降低了农民的种粮成本。伴随着粮食价格的提高，该政策也大大提高了农民生活水平，促进了国家经济的整体发展。

（二）粮价放开阶段

经历了最初的以购销差价为补贴重点的时期之后，国家在 1991 年开始逐渐出台"保量放价"的政策，这是因为前期实行对购销差价进行补贴的形式导致国家财政吃紧，当时又恰逢我国经济转型时期，大力发展第二产业与第三产业被提上发展日程，需要大量的资金，"保量放价"的政策就顺应历史发展趋势诞生了。该政策主要是由国家来出台提高粮价的政策，据相关数据统计，1991～1993 年粮食的价格就提高到了原来的 1.6 倍甚至更高。经过循序渐进地推进"保量放价"政策，到 1993 年底，购销差价补贴的政策基本上退出了历史舞台。除此之外，为了更好地维护和保住粮食最低价格的政策，国家也相应建立了用来专门补贴粮食价格、维护粮食生产安全的体系，即粮食风险基金与储备体系。自此以后，农民种植粮食的自主权利增大，像以往的化肥、柴油等实物的补贴形式也不复存在，统一利用现金补贴的形式占据主导地位。这种让农民根据自身土地情况选用相应辅助物品品种，大大提高了农民种粮的积极性，而且辅助物品企业之间的相互竞争也更有利于质优价廉的新品种的推出，进而提高粮食亩产量，推动农业现代化发展。

（三）补贴流通环节阶段

针对流通环节的补贴而言，能够做到更好地深入粮食流通的细节之中去，补贴形式相比较购销差价而言也更合理。国家特别重视该补贴政策的实施，实施之初就采取了省长负责制度，省长对本省的粮价稳定负责，并且保证粮食价格稳中提高。1994～1997 年，省长负责制如火如荼地进行，也的确使得粮价一再提高。在全国范围内，不同粮食主产区的不同品种粮食的价格都有所提高，尤其是主要农作物的价格。在这期间，粮食的定购销售往往被划分为两种形式：一是在国家粮食行政管理部门的统一领导下，省内根据自身实际情况以某一固定价格收购粮食；二是各粮食收购企业与农户以市场协议价作为粮价来收购粮食。通常情况下，政府部门负责收购的粮价都要低于市场自主决定的价格，当然政府收购的价格也是粮食最低收购价格，能够在一定程度上保证粮价的稳定性，维持农民的收入水平，提高农民种粮积极性。在省长负责制下，农民手中的余粮也能够得到更好的处理，只要不是发霉或变质的粮食，政府均可以其不低于规定的当年最低价格为限将其收购，农民的利益就再次受到了保护，这种开放性的收购粮食政策使得农民获益颇多，农民也因此更愿意保质保量地完成种粮要求，进而保护了我国粮食安全。粮食根基稳定了，我们国家的经济就可以更好更快地发展了。

1998 年后，我国又实行"四分开、一完善"、"三项政策、一项改革"和"放开销区、保护产区、省长负责、加强调控"体制，使得粮食流通环节的补贴政策更加完善。粮食风险基金与国家储备粮补贴体系在这一时期也被引入粮食补贴政策之中。相比较于 1997 年以前，在粮食上流通方便的补贴比起其他环节上的补贴更能够引起农民的兴趣，我国粮食产量也大大增加，当然还要根据具体国情来后续完善相应的补贴政策。国家逐渐放开了对粮食生产的控制权，粮食产业的控制权有很大一部分下放给了地方政府，国家也是根据各地大致需要的粮食补贴金额，将粮食补贴金额划拨给地方，地方再根据各地粮食流通的具体情况发放粮食补贴金额，进而来保证粮食价格。在这个过程中，各省份粮食流通环节的补贴资金大部分或全部是来自粮食风险基金的，剩余的不够的部分由当地财政部门来补贴，或者特殊情况下，再向中央申请。同时，又在销售区实行放开政策，在主产区实行的保护政策既能够保证粮食安全又可以抑制粮食过剩的现象，加之该期间"打工潮"的出现，更多的农民选择了外出务工，也更有利于抑制粮食过剩，又能够促进主产区农民种粮的积极性。2001 年以后，国家又再次强调了"放开销区、保护产区、省长负责、加强调控"这一政策，进一步说明了该政策是符合时代发展要求的，当然，该政策也的确发挥了其积极的作用。流通环节的补贴政策无论是以何种形式进行的，都能够使农民从中获取粮食补贴政策的优惠，而且也能够保证粮食收购的最低价格，巩固我国粮食稳定与安全，这也预示着，我国再也不是粮食匮乏的国家，人们的温饱问题得到了解决，也更好地迈向了全面小康社会。

（四）粮食进入直接补贴阶段

随着农业经济的发展，流通环节的补贴也已不再适应国情，基于此，2004 年以后，国家逐步开始对粮食、良种、农机具以及农资综合方面实行直接补贴政策。补贴种类的多样化以及补贴程序的直接化，使农民更直接地享受到了粮农直补政策的优惠。

在 21 世纪初期，我国结合农业生产的现状，并且开始着手实行农业补贴的政策。2002 年，国家选择了湖南、河南、辽宁、湖北等粮食主产区为试点推行粮食直接补贴政策，试点获得了良好的效果，直接补贴政策推行的有效性得以验证。从此，直接补贴政策开始在全国范围内普及，进入了粮食补贴的新阶段。虽然，国家实行粮食直补政策能够使农民更直接地感受到优惠力度，但是化肥、农药、农具等的使用又使得农民在种粮过程中仍然需要耗费"巨额"的成本，能够获得的实际每亩收入也并不高。为了降低种粮过程中消耗的成本，切实提高农民收入，国家在粮食直补政策实施以后，又添加了农资综合直补政策，该项政策主要是对农民种粮过程中的化肥、农药等方面进行补贴，政策实施初期就得到了很好的反应。除此之外，国家也考虑到要想增加粮食产量，仅依赖于农民种粮积极性与低成本是不可行的，还要依赖于高产的优质良种，为此国家也出台了良种补贴政策，鼓励农民使用优良品种，越来越多的农民选用了优良品种种植。还有不可忽略的一点就是，我国正在走农业现代化路线，农机具的使用越来越普遍，也越来越被农民所青睐，但也有很多农民考虑到成本问题，依然选择传统的耕作方式，这无疑会阻碍我国农业现代化进程，因此国家又相继实施了农机具直接补贴政策，全方位地为农民着想，也加快了我国农业现代化进程。

1. 粮食直接补贴政策

（1）粮食直接补贴政策的特征。这一政策具有以下特征：政策对应的对象就是拥有相应土地使用权的农户；具体的粮食补贴农作物品种明细和补贴的衡量标准是由各省份依据国家政策因地制宜的；虽然各省份在补贴政策的制定上多少存在一些差异，但常见的补贴依据是以计税面积、计税常产、粮食交售数量和粮食的种植面积为衡量标准的。

（2）粮食直接补贴的标准。补贴标准的制定是粮食直补政策能真正达到激发农民种粮积极性和提高农民实际收入，进而缩小城乡收入差距效果的重要前提。粮食直补资金的来源是粮食风险基金，设立这个基金的主要目的就是降低我国粮食产业的风险，稳定我国的粮食市场。这个基金又分为两个部分，分别是隶属于财政部管理的中央粮食风险基金以及隶属于地方财政厅管理的省份粮食风险基金。就我国而言，各省份的粮食直接补贴标准都比较低，另外还存在粮食主产区和粮食主销区之间补贴标准不同的现象，通常粮食主产区的补贴标准相比较低。这主要是因为粮食主产区发展资金不充足时可以向中央财政部申请借款，然后逐年归还，而其他地方粮食发展资金欠缺时，却只能靠地方财政厅（局）自己筹集。因此，相比较粮食主产区而言，粮食主销区发展的压力就比较大，主销区政府为了确保粮食供应，在所辖区制定了较高的粮食直补标准，这就造成主销区直补标准高于主产区标准。

（3）补贴的程序。首先，中央在年初按照当年预算和每年具体分配标准，从粮食风险基金中拨付出当年核准金额分配给各个省份；然后，由省财政厅（局）将资金具体分解划拨到县（区）财政局；县（区）财政局紧接着将得到的补贴金额按照当地补贴面积、品种等的细分情况进行具体分配，当然要保证所有提供的信息真实可靠。根据相应的国家政策规定及其地方补贴特征，还要具体计算每亩的补贴金额以及每户应得的补贴金额。粮食补贴标准的计算方法如下：每亩补贴标准（元）＝某地获得的粮食直接补贴金额总额/某地经核实过的农户种植面积总和。根据这个每亩粮食直接补贴金额的计算标准，具体的执行步骤就可以按照以下罗列流程步步实现：第一，确定补贴面积，相关部门要采用合理的方式来如实填写每户农户实际种粮面积；第二，将补贴面积公之于众，为防止补贴面积存在差错，应将补贴面积实际情况进行公示，让农户及时了解；第三，在调查结果确定了之后，相关部门就要开始进行相应土地的面积测量工作；第四，在相关部门测量土地面积并且确定无误之后，就要把测量结果录入网络系统之中；第五，补贴面积在确定了之后，就需要通过相关部门报给上级；第六，相关部门在收到信息并且进行核查无误之后，就要根据标准下发补贴资金。

2. 良种补贴

（1）良种补贴的目的和对象。粮食产量的多少，除了受土壤墒情、气候变化以及农户在作物生长期的各种护理的影响之外，种子本身的优良与否也是很重要的影响因素，我国是农业大国，因此也很重视对优良种子的培育。通常情况下，粮食种子的优良程度是与粮食产量呈正比例关系变化的，因此，如果在粮食播种初期就筛选优良种子，摒弃那些劣质的种子，那么就会做到在保证粮食质量的同时提高粮食的产量，进而提高农业生产效率。在我国，这项措施的主要作用对象就是使用符合国家规定的优秀等级种子的农户。国家需要根据种子的优良等级、种植面积或者其他标准对农户进行相应的补贴。

（2）良种补贴的品种与标准。为了提高农户使用优良种子的积极性，国家相关部门从 2002 年开始以来在全国范围内的粮食主产区的代表性省份分别实现了对小麦、水稻等主要粮食作物的良种补贴政策。在这个过程中，随着良种补贴品种的增多，补贴的范围也逐渐扩大，补贴的力度更是持续加大，良种补贴政策的实行也的确起到了提高农户使用优良种子的积极性的作用，使民众花更少的钱获得了更为优质的种子。这不仅能够保证农产品的质量，而且自己也能够得到国家的补贴，这个政策又与我国稳定粮食价格紧密相关，进而起到了提高农民收入、改善农民生活的作用。

财政部门与农业部门，每年都会更新良品补贴的具体标准，据现有资料统计，各个品种的补贴标准如下：小麦、玉米 10 元每亩，花生的良种补贴也是 10 元每亩，水稻和棉花的良种补贴则是 15 元每亩，还有一些特殊地区的农作物品种补贴标准也都是在 10～15 元每亩，从总体来看，良种补贴的力度还是比较大的，补贴品种也更加多样化，也适合品种多样性的现状。

（3）良种补贴的实施程序。

第一，优良品种需要经过国家权威部门的认定。

粮食优良品种的选择是一项非常重要的工作，这关系到良种补贴政策能否实现提高全国良种使用率的目标。因此，优良品种将由国家专业机构和部门通过一整套严格的程序来选择，包括对现有品种的生产能力、质量和服务水平等项目的多次专业化测试以及对新型品种的研究实验和专业化测评，在这整个过程中，将本着公平公正、客观求实的原则来进行，切实选中优良品种，带动农业整体水平的提高。同时还要选中有能力和有水平来生产优良种子的生产单位，并向全社会公开优良品种的价格。

第二，种植面积的确定以及方案的制定。

种植面积的确定是一项比较细致、烦冗的工作，应该采取自下而上和自上而下双向结合的方式来最终确定，即上级部门公开良种补贴标准，农户根据自身实际情况上报符合标准的种植面积，然后由上级部门委派相关人员做好核实工作，最后分级汇总上报直至中央。中央审批下来以后，各个省级相关部门就要研究自身的实际情况，进而确定具体的方案政策。在确定政策的时候，除了向下级下达指令之外，也应该向上级部门进行报备。这个方案之中应该包括以下内容：种子的品质、补贴方式和补贴款项等。这些款项的统计结果就是国家划拨资金的依据。

第三，良种补贴发放的形式及流程。

目前，全国普遍采取的补贴发放形式就是"一卡通"模式，农民可以直接获得购买优良品种的补贴差价，这种方式比较直接，也易于被农户接受，自实施以来获得了农民的一致好评。当然，这种补贴形式的使用，也是基于县级财政部门能够意识到市场现状并且愿意相信农户会主动优先购买优良品种的推断来实施的。当然，除此之外，有些省区由于情况特殊，采取的是差价供种补贴方式，这种方式通常是由上级统一订购良种，当然也是本着农户自愿的原则，先由上级提供样品，农户自己到相应地点（通常是村委会）填报订购数量，农户选择上级统一订购的良种即可享受到良种补贴政策的优惠。

3. 农机具购置补贴政策

农机具购置补贴是指国家对农民个人、农场职工、农机专业户和直接从事农业生产的农机作业服务组织购置和更新大型农机具给予的部分补贴。我国实施此政策意在推动农业机械化发展的需求，尽早实现现代化农业生产的模式。当今社会的农业发展趋势就是机械化生产，农业机械化的普及，不仅可以提高农业生产效率，而且能够节省大量的人力、物力和财力，农民可以将节省下来的时间用于其他方面的工作，提高家庭总体收入。

农机具购置补贴政策实施程序如下。

（1）农机具购置补贴的对象是那些高质量与高效率兼备的农业专用机械，因此，在该政策实施的初期，就要将选中的机械器具名称载入册中。大致可以将该类机械器具分为通用类机具和非通用类机具。这两类机械器具有其各自的适应范围以及产品归类标准，前者主要包括适用全国的拖拉机等，而后者则要根据各地种植产品品种和特定环境的现状来具体确定相应的机具种类。

（2）补贴资金的运作流程。农机具购置补贴金下放分拨的流程与粮食直接补贴金的流程大致相同，都是由中央财政部根据各省份具体情况划拨相应额度的补贴金到各省份财政厅，再由省级财政厅根据相关部门汇报的情况将补贴金额下放到具体的农机具生产企业和各个单位。

（3）农机具购置补贴形式与公示。在我国现行的关于农机补贴的政策中，一直是按照全额付款、定额进行补贴，由县级相应机构进行资金发放、资金发放到农户的银行卡这一政策。购机的价格是买方市场和卖方市场遵循市场供求价格机制，自行决定的。当然，农机具购置补贴的对象和程序的执行等方面都是事先经过严格筛选制定的，在一定程度上控制了舞弊现象的发生。确定了享受补贴政策的单位之后，要及时公示，切实让社会各层了解实际情况，也有利于更好监督。

（4）加强对农机具购置补贴政策实施的监督。农机具购置补贴政策如何切实执行实施下去，是要靠社会各层来共同监督的。首先，外在层面的监督。这个层次包含两个方面，一是社会公众的监督，二是相应职能部门的监督。因此，在农机具购置补贴名单出来时，就要公示，让社会公众知晓实情，进而关注到农机具购置补贴政策的实施。而相应部门则应该尽守职业，督促监管该项政策的实施，及时纠正不恰当的地方。其次，就是该政策系统内部的监督。这就要求，相关人员要谨慎执行每一步，切实旅行自己的职责，秉着公平合理、为民谋利的原则，达到该项政策执行的目标。最后，搭建信息共享平台，享有农机具购置补贴政策的单位具体名单、实施的标准与流程、政策实施效果的及时更新等都应该包含在该信息平台中，以便更好地发挥各层次的监督作用。

（5）建立农机具购置补贴政策相关方的合理考核机制。农机具购置补贴政策的实施是一个长期性且细致的工作，实施的过程中涉及比较多的参与者，而且该项政策实施效果的好坏也确实关系到我国现代化农业发展的水平高度以及农业生产效率和农民的收入能否提高的问题。因此，必须要严格制定对相关方工作绩效评价的考核制度，相应的激励政策与惩罚政策都要到位。对于工作表现良好的参与者，应给予相应的奖励，而对待那些不顾全大局，侵害他方利益的参与者则应做出相应惩罚，以儆效尤。

农机具购置补贴政策的实行符合我国农业国情的政策。由于我国农业历史悠久，有许多耕作方式已经根深蒂固，农民考虑到机械化成本高的问题，有很大的可能性仍然坚持传统的耕作方式，中国现代化农业的发展就会受阻。此时，推行农机具购置补贴政策，可以大大节省农业生产方面的成本，推进农业机械化的进程，加快农业生产效率，提高农民的生活水平。

4. 农业生产资料综合直接补贴

农资综合补贴是国家的又一项惠农政策，也是粮食直补阶段的重要一项。该政策主要是为了降低农民种粮成本，由于农机具购置补贴政策的实施，越来越多的农民选择购买或租用能够享受优惠政策的农机具来进行农业耕作，其中对于成品油、化肥等的使用就会增加，而农民又不愿意为此花费"昂贵"的价格，国家正是认清农民的这一点心理，才进一步出台了农资综合补贴政策。农资综合补贴资金的接收与发放也有其自己的一套专有账户，本着专款专用的原则，省（市）财政局接收到国家划拨过来的专款，再用专有账户将资金划拨到下面的县（区），当然县（区）也有专用的账户，县（区）根据镇里汇报的农户实际使用化肥、柴油等的情况，再具体将其细分到每户的农资综合补贴金额。该政策的出台使得农民种植成本又一次下降，种粮积极性大大提高，越来越多的农民表示相比于传统的种粮模式，更愿意利用机械化来种植粮食，这也进一步推进了我国农业现代化的建设。

与其他三项直接补贴政策类似，农资综合补贴政策也是按照因地制宜的原则，根据各省（市）具体情况来制定具体执行标准的，各地之间存在一定的差异。针对补贴标准的确定而言，各地有所不同，具体表现为：有些地区就是按照粮食直补面积来确定补贴金额的，而有些地方则又会根据不同年度的种植面积、粮食产量等各种综合因素来确定补贴金额。尽管各地之间存在差异，但都能够很好地适应当地发展需求，这使得农资综合直补政策充分发挥了其自身作用。

5. 农业"三项补贴"

2016年，国家又出台了相关政策，将良种补贴、农资综合补贴与粮食直接补贴归为支持农业发展的"三项补贴"政策。这一政策的出台，使得农民种粮过程中所享有的优惠得到了进一步的保障，而且规定中也有表明种粮多的农民可以得到更多的优惠政策，使得更多的农民投入实际的种粮行动之中去成为种粮大户，尤其提高了种粮农场的种粮积极性。如同规模经济一般，种粮也开始产生了规模种植效应，农民的种粮观念在潜移默化地改变着，这在一定程度上可以推动我国农业的整体转型与变革。2017年，中央发布一号文件《中共中央、国务院关于深入推进农业供给侧结构性改革加快培育农业农村发展新动能的若干意见》，指出要切实完善农业补贴有关制度。农业补贴相关政策的指向性与精准度要进一步明确与提高，重点支持粮食主产区、鼓励农业产业适度规模化经营、增加农民收入、促进绿色生态发展。进一步推进农业"三项补贴"政策制度的改革。建立国家粮食主产区的利益补偿有关机制，保持粮食产粮大县相关奖励政策的稳定，对产粮大省的粮食奖励资金的使用范围做出调整，进一步盘活粮食风险基金。农机具购置补贴政策进一步完善。

二　陕西省粮食直接补贴主要内容

早在 2004 年，陕西省就出台了相应的粮食直补方案。陕西省也是响应国家发展需要，根据相关法律法规并结合自身农业发展现状，制定了符合本省农业发展的粮食直补政策。大致也是以保护主产区的农民利益为基础，切实补贴农民种粮，以提高当地农民收入、维护粮食稳定为目的的。

（一）陕西省粮食直补的内容

（1）粮食直补的范围。根据国家政策以及结合自身情况，在粮食生产的主要地区的 28 个县之中，对小麦、水稻、玉米这三个种类的粮食发放相应补贴。

（2）粮食直补的计算依据。粮食直补主要是以种植面积为依据的，由乡镇根据有关规定统计实质性种植户的种植面积，并向上级财务部门汇报。

（3）粮食直补的标准。每年的粮食直补标准都是按照以前年度近五年的平均粮价计算的。

（4）粮食直补方式和计算办法。粮食直补都是根据实质性农户种植面积来乘以每单位种植面积的补贴金额来计算的（剔除半年内不能恢复粮食生产的经济作物和养殖的面积）。

下面以 2015 年为例，具体介绍陕西省粮食直补政策所包含的内容。

一是统计出直补县粮食具体产量。把 2010 ~ 2015 年粮食的平均收购量确定为直补县享受补贴的商品粮常量。

二是计算出粮食直补金额（按照商品粮数量衡量）。根据以前五年为衡量标准确定的商品粮常量乘以相应的单位补贴标准，进而得出补贴总金额，即 2015 年粮食直补总金额 = 以 2010 ~ 2015 年为衡量标准确定的商品粮常量 × 单位补贴标准。

三是每亩直接补贴金额的确定。针对按种植面积计算来获得粮食直补金额的农户而言，既要确定种植面积，又要按照相关规定，用上级部门划分下来的补贴金总额除以种植面积总数来确定每亩平均补贴标准。

四是计算出粮食直补金额（按照种植面积衡量）。计算方式很简单，就是用每亩平均补贴标准乘以直补县农户的种植面积数，这样就计算出了直补县每户农户应该享有的补贴金额。2015年每户补贴总金额 = 该农户计税面积数（剔除半年内不能恢复粮食生产的经济作物和养殖的面积）×该县每亩平均补贴标准。

（5）陕西省粮食直补资金来源。各市的粮食直补金额全部来自本市粮食风险基金，只有当市里的补贴金额遇到调整时，市里没有能力解决粮食直补的所有金额，此时，省财政部门才会适当地替其承担一部分补贴金额。

（6）陕西省粮食直补资金的管理。补贴资金实行专户管理，所有粮食直补的金额都得经过专户进行接收或发放。

（7）陕西省粮食直补具体实施步骤。陕西省粮食直补的步骤是根据国家粮食直补政策的规定和该省自身实际情况来具体执行的。首先，县农村税费改革领导小组办公室就要根据乡镇报上来的具体粮食直补户以及粮食直补面积的明细，当然针对上报的实际情况各相关部门还是要进行进一步的实地确认。其次，实地确认之后，再由相关税改部门办公室审核，审核通过之后，才能够具体地发放补贴资金。

（8）补贴资金的发放办法。资金发放工作通常是由基层政府负责的，财政所承接了上级部门划拨下来的补贴总金额，再根据每户的具体补贴金额进行发放。根据一般情况而言，补贴金的发放需要农民自己携带一些有效证件或资料到指定的地点在指定日期内领取补贴金额，这样能够更好地维护农民的利益，防止徇私舞弊现象发生。

（9）粮食直补相关工作经费的来源。粮食直补政策的整个实施流程包含着许多工作，其间包含的宣传费、印刷费、资料费等大都是由各市（县）自己承担的，当然，特殊情况下，省财政部门也会给予适当的补助。

近些年来，陕西省在粮食直补政策这一块工作上也做出了比较大的努力，粮食直补范围不断扩大，补贴标准也逐渐完善，在很大程度上，已经达到了调动农民种粮的积极性，提高粮食生产能力的效果。

首先，粮食直补范围不断扩大。享受粮食直补政策的地区比政策刚实行的初期翻了好几倍，受补贴的粮食数量和种粮面积逐渐增多，越来越多的农户享受到了粮食直补的优惠政策。

其次，粮食直补标准不断提高。粮食直补标准随着各省份生产总值的提高又与国家大力扶持农村发展计划相结合，从而提高了农业生产补贴的相应标准，进一步提高了农民的积极性。

最后，规范了补贴资金发放的要求。粮食直补资金何时、怎样才能全额到达自己手中，是许多农户切实关心的问题之一。为了消除农民对领取补贴金额的顾虑，相关部门从开始统计到发放的具体时间都在相应地点进行了公示，有些地点还会配备专门的答疑人员。针对补贴资金的发放还向相应发放人员提出了"五到户"和"五不准"的要求，工作人员不能凭借个人臆断就决定补贴金的发放与否，更不能占用补贴金额进行私用，相关监督部门也制定了相应的奖惩措施。

（二）陕西省农资综合补贴内容

根据前文相关介绍，我们可以知道农资综合补贴政策是针对农民种粮前期的化肥、柴油等的补贴，是为了降低农民种植成本而制定的。陕西省也在解读国家农资综合补贴政策的基础之上，根据当地实际情况制定了本省农资综合补贴标准以及执行程序，进而来维护省内农民利益、保证粮食安全、维护粮食产业稳定发展。以下就是陕西省农资综合补贴政策的详细实施办法。

1. 确定省农资综合直补范围以及补贴方式

陕西省根据国家对于农资综合补贴内容的定义，并结合自身实际情况，将范围规定为全省范围内的种粮农民。

农资综合补贴方式就是按照农民实质性种植面积来确定的。例如，2015 年的农资综合补贴面积就是以 2015 年该省农民实质性种植面积来计量的，当然其中仍然要剔除掉一些不符合补贴政策规定的耕地面积。

2. 陕西省农资综合直补计算方式与发放原则

陕西省综合直补的执行一直都坚持"综合算账、突出重点，一次发放、直补粮农"的原则。具体解释如下。

（1）省相关部门应该着眼于整体，在充分考虑陕西省的农用柴油量、农民种粮面积、粮食产量、粮食收购量等因素后，根据具体的补贴标准来测算各个补贴资料的价格，这样就能够更加精确地控制一些变量因素，更好地监督政策的执行。当然，还要突出重点，在根据上述观点计算补贴资金时，要与上级部门强调的重点产粮区情况相结合。

（2）省财政厅应该根据国家的要求为农资综合直补设立专门

的补贴账户，从粮食风险基金中划拨相应的直补金额到各市的专门农资直补账户，层层拨款到专门账户。最后，由基层财政部门发放到农民手中的农资综合直补专门账户中去，农民自行领取。在执行过程中涉及的相关部门人员应意识到该项补贴资金的重要性，切不可随意将该项资金留作自用资金，以损害农民甚至是集体的利益来满足自身利益。

3. 陕西省农资综合直补资金的计算依据与标准

（1）补贴计算依据。农资综合直补是由化肥、柴油、种子、农机不同部分组成的，因此计算时也应该单独计量。化肥、柴油、种子根据每亩使用的平均使用量来衡量，而农机则是根据各市的种粮面积以及粮食产量来衡量，最后采用平均加权法来计算。

（2）具体农资综合补贴标准。陕西省内农资综合补贴实施的是差异化标准政策，因为陕西省南部、北部、中部地区种粮具体情况存在差异，所以不能实行统一的补贴标准。据有关资料统计，陕北的每亩补贴金额相对较低，但是户均总有种粮面积较多，因此换算下来，每户得到的补贴金额较多；而陕南是陕西省的粮食主产区，补贴标准更高一些，人均拥有种植面积也较多，因此是三个地区中每户获得的补贴金额最多的地区。相比较陕北和陕南两个地区而言，关中地区每户获得的补贴金额就相对较低一些，这也是其补贴标准适中，但人均拥有种植面积少造成的。这种分区域实行补贴政策，更好地促进了粮食主产区的发展，兼顾了非主产区的利益。

4. 陕西省农资综合直补资金的发放流程和方式

（1）农资综合直补是有专门的粮食风险基金专户管理的标准的。农资综合直补从粮食风险基金中获得补贴金额，省财政部门根据先前上报的并通过国家审核的农资综合补贴金额划拨到市财政部门，市里也设有基金专户进行管理，市里面再根据具体情况下放到各个县财政部门的粮食风险基金专户中逐级进行划拨，最后由基层财政部门发放给具体享受农资综合直补政策的农户。

（2）在整个农资综合直补政策的实施过程中，首先就是要正式通知农民，而且要在通知中明确表明综合直补资金的金额、标准等明细。

陕西省在实施农资综合直补政策时，在不同的市（县）采取了差异化的补贴标准，但差异并不大。陕西省的整体补贴力度却小于粮食主产区的省（市），之所以会产生这种差异的原因之一就是国家在制定农资综合直补政策时就明确表示了对粮食主产区的补贴力度要较其他地方的力度大，以达到鼓励更多农民投入生产更多优质的粮食之中去，进而达到提高农业生产产量，促进地区农业发展的要求。另外，陕西省又属于粮食产销平衡省份，非粮食主产区自然补贴力度就会较小。从补贴标准来看，关中、陕南亩均补贴都达到了全国平均水平，陕北亩均补贴虽然低于全国平均水平，与关中和陕南地区补贴标准有一定差距，但由于其人均种粮面积大，人均补贴仍为全省最高。

（三）陕西省农机具购置补贴内容

根据《陕西省 2015—2017 年农机购置补贴实施方案》，农机具购置补贴的主要内容如下。

1. 享受农机具购置补贴的地区及补贴资金使用情况

（1）享有农机具购置补贴的地区。基本上所有省内的农业县城都享有农机具购置补贴政策。

（2）补贴资金使用情况。省里相关部门按照国家规定，接收到的补贴金额，并结合地方种植面积、粮食作物的特点以及对特定农机具的需求，最终确定农机具购置补贴资金总额，然后将资金计划直接下放到各个市（区）农机主管部门。

市（区）农机具主管部门同财政部门结合本区具体耕地情况

和农机具使用情况，负责向管辖区发放资金使用计划，年度内可结合补贴资金实施的实际调配余缺，并报省农机局、省财政厅备案。省农机局、省财政厅核实上报的资金使用计划是否合理，然后结合整个陕西省的综合情况，拟定资金使用计划，在出台正式使用计划之前，可根据具体情况变动加以调整，这样就可以保证资金使用计划的完整性。

2. 农机具购置补贴种类

（1）农机具购置补贴种类的确定。陕西省农机具购置补贴品种大致与国家农机具购置补贴品种相一致，结合当地发展需求的特点，具体确定农机具购置补贴的品种，实行分类补贴。省内重点发展的粮油农作物实行全程机械化，果、畜、菜、茶等优势特色产品实行特定机械化流程。2015 年，陕西省也对农机具购置补贴的具体范围和品种进行了详细公示。

在分类补贴过程中，对于农机具的种类选择，根据补贴金额的配比与不同的购机需求相结合的要求，又可具体确定补贴农机具种类为深松机、玉米收获机、粮食烘干机等一类重点品。对于果、菜等需要保鲜储存的产品而言，陕西省积极整合简易保鲜储藏设备补贴资金，重点支持千吨以上库群建设，形成聚集效应。

除了省里规定的农机具购置补贴品种之外，各地也可以根据自身发展特点与需求，向上级汇报所需农机具购置补贴品种，上级部门又会根据具体核实情况来确定是否给予该品种农机具购置补贴。这样上下结合起来更能够合理地确定各农机具购置补贴品种，更好地促进地方农业的发展，进而增强农业实力。

（2）符合农机具购置补贴种类的资源。农机具购置补贴品种确定后，并不是所有该类型的产品都可以加入农机具购置补贴政策之中，陕西省相关部门会选择优质的资源品种，来具体规定哪种农机具可以实施该政策。通常被选中的农机具都是已经经过国家有关部门鉴定且符合标准的，那些未经专业部门鉴定的农机具不能够纳入补贴名单。相关厂商在提供农机具购置补贴申请的同时就要将专业部门的鉴定证明提交给地方农业部门，农业部门的员工经过核实再确定是否将该项农机具纳入补贴范围内。当然，农户在选择农机具时，要分清所选农机具是否在补贴名单中，否则就要承担失去农机具购置补贴优惠的后果。

（3）确定补贴标准。对于全国通用类的农机具购置补贴产品，陕西省就是按照国家相关规定，对同一类型和档次的品种实施定额补贴，而对于那些依据当地发展申请的非通用类农机具，则在不超过规定的最高补贴金额下，根据具体情况由省相关部门测算补贴金额。

3. 农机具购置补贴对象和经销企业

（1）补贴对象。陕西省在确定农机具购置补贴对象的时候，也是根据国家对农机具购置补贴政策实施的内容来确定的。补贴对象就是陕西省内实质性种粮、养殖等农户个人或生产经营组织。补贴对象基本涵盖了整个从事农业生产的个人或组织，对于促进省内农业全面、全方位发展起到激励作用。

根据具体情况，陕西省对于农机具购置补贴的办理发放也是有特定先后顺序的，符合规定中能够优先办理补贴的农户个人或者单位，可以优先办理补贴。具体哪些农户和组织符合优先补贴的政策，陕西省相关部门会具体制定符合标准的一些条件，相关农户或组织可自行查阅自己是否符合该标准，进而可以了解自身补贴的优先排序情况。

针对个人而言，享有补贴政策的农机具申请数量一年内不得超过2台套（2台主机和6台作业机具），针对农业生产经营组织原则上则规定不得超过6台套（6台主机和18台作业机具）。陕西省除了对于农机具数量的申请有限制之外，对于补贴金额的享有也设有严格的限额制度，通常而言，无论是个人还是农业生产经营组织，其申请的金额都不能超过省里规定的最高补贴金额。

如果超过最高限额，则由相关部门审核，决定是否增加金额。

另外，虽然省里规定了具体的农机具购置补贴品种，农户个人或生产经营组织仍然有权利自主选择农机具的品种，可以自主选择获取该农机具的渠道，当然，根据权责一致原则，购买农机具所享有的风险由购买的农户个人或生产经营组织自行承担。

（2）确定经销企业。确定了农机具具体补贴品种明细后，对于选择合作的经销企业，陕西省也制定了一系列的标准。农机具生产企业除了保证签约的农机具质量外，还要自主选择经销企业，并向全社会公众公布消息，让相关个人和生产经营组织了解该信息，进而到符合规定的经销企业中购买相应农机具。对于经销企业而言，不得欺瞒买主，应本着诚信守法的经营理念，切实将享有补贴政策的农机具卖给买主。为了监督规范经销企业的经营行为，陕西省规定农机具生产企业享有向经销企业做好相应的培训、监督等义务，对于那些违法行为，也制定了相应的处罚制度。陕西省对经销企业的严格控制，从源头上推动农机具购置补贴政策的顺利实施。

（四）陕西省良种补贴内容

国家大力推行良种补贴政策是为了普及良种在全国范围内的使用，提高农业生产效率。为了响应此政策，陕西省也根据国家要求针对本省内良种补贴政策规定了具体要求，主要内容如下。

（1）良种补贴对象及范围。省相关文件规定，对于那些购买良种的农户进行良种补贴，这里的良种是指当地主产品种。良种补贴的范围与粮食直补政策的补贴范围大致相同，就是针对全省范围内的粮食生产区，尤以主产区为重点。近些年来，陕西省规定的良种补贴范围逐渐扩大，由原来 2004 年规定的只在 12 个试点县实行良种补贴政策到 2015 年基本上涵盖了所有所辖县，补贴力度也逐渐加大。良种补贴政策范围的扩大在一定程度上反映了政策激励了更多的农户选择优良品种，良种普及率大大提高。

（2）良种补贴标准的确定。陕西省良种补贴的标准是根据农户购买的良种数量和每公斤良种的价格之积来计算的。农户购买的良种数量也要与当地具体的种植面积来确定，省农业厅会根据上报的种植面积进行核实，并根据核实的结果来下达具体的补贴面积。良种补贴的标准也呈现出了递增的趋势，陕西省农业产量大大增加，农户收入也随之增加。

（3）良种培育。良种补贴政策能否达到预设效果与良种的选择有着非常重要的关系。因此，陕西省对于良种的培育工作十分重视，省发改委对于"小麦"三田政策十分推崇。该项目的建设计划列入了省发改委的工作行程之上，以市为单位，农业部门组织实施，并与相关科研单位合作，省发改委、财政部门监督资金使用，切实做好良种培育工作。

陕西省在2012年又开始实行了粮食直补与农资综合直补的调整政策，此次调整针对发放程序做了规定，决定将两项补贴同时发放，也就是现在的"粮食综合补贴"政策，该政策的实行也依然延续了传统，根据陕西省不同的区域特色，来制定有关的补贴范围、补贴品种以及补贴标准。陕北、陕南与关中三个地方由于影响其种植的因素有所不同，所以就利用差异分析法，按照不同的影响因素来区分各地的标准。2015年的数据显示，陕北每亩补贴金额为56元，关中的每亩补贴金额为81元，陕南的每亩补贴金额为72元，陕西省财政部门表示这一标准在近几年可能不会发生改变。分区域实行补贴标准符合陕西省农业发展实际情况的决定，更有利于推动当地农业发展，提高当地农民收入。

（五）陕西省农业"三项补贴"政策

陕西省当时出台了相关方案，决定2016年在全省范围内推行"三项补贴"政策，该项政策在陕西省内实行涵盖粮食补贴政策的最重要的三个方面，将全方位地让当地农民享受到种粮带来的补贴优惠，进而能够更好地推动当地农业改革力度，推动农业规模经济的发展，有利于现代化农业发展。

该项政策是依据"谁多种粮食，就优先支持谁"的原则来进行执行的，因此更多的农户愿意承包土地种植粮食，这样就会带动大规模种植经济的发展。而规模经济自身所带有的能够降低中间成本、简化种植操作环节等特征，使得农民的实际每亩收入呈现上涨趋势。对于农用机械方面的补贴又可以督促相关厂商开发机械化效率更高的质优价廉的产品，在这其中国家也会对于开发新产品、推广新技术给予贷款优先优惠的政策，鼓励创新。除了上述优惠项目，该项补贴政策还涉及了许多其他优惠项目，不再一一赘述。总而言之，"三项补贴"政策是对现有粮食补贴政策的精细化与完善，更好地顺应了时代发展需求，也确实能够带动陕西省整体农业实力的提升。

三　本章小结

本章对我国粮食生产补贴政策的历史变迁做了梳理，主要分为补贴消费者阶段、粮价放开阶段、补贴流通环节阶段、粮食直接补贴阶段等；进一步对陕西省粮食直接补贴政策主要内容做了介绍，包括陕西省粮食直补的内容、陕西省农资综合补贴内容、陕西省农机具购置补贴内容、陕西省良种补贴内容、陕西省农业"三项补贴"政策。

第四章 ◀

陕西省粮食直接补贴政策绩效分析

第三章对粮食直接补贴政策做了详细的介绍，本章通过构建陕西省粮食直接补贴政策的绩效评价体系，运用 AHP 法（层次分析法）对 2000~2014 年的粮食直补政策绩效进行测算，以了解粮食直补政策实施以来的绩效水平。同时采用各地区 2014 年的数据，对各地的粮食财政直接补贴政策绩效进行测算，直观地了解陕西省粮食财政直补政策绩效在全国的水平。

一　AHP 法分析优势

在有偏好的方案评价中，使用比较广泛的是基于属性权重的决策应用，方法包括 AHP 法、简单加权法、线性分配法、PROMETHEE 法、ELECTRE 法、TOPSIS 法等。每一种方法的使用原理不尽相同，各种多属性决策方法在实践中都有不同广度的应用。目前存在一种倾向，过于注重评价方法的复杂性，却不强调方法使用的科学性和简明性，单方面追求方法的复杂性，混淆了评价方法的科学性和复杂性，不太重视易于理解和体现评价者主观判断的方法。相较而言，AHP 法是一种容易理解、使用程序简单和具有普遍适用性的评价方法（许树柏，1986）。

已有的研究成果大多从实施效果的角度对粮食直接补贴政策

进行评价，很少有文献对粮食直接补贴政策的绩效开展研究。对粮食直接补贴政策的评价，不仅要从粮食产量、粮食种植面积、农民收入等各方面进行分析，还应从整体上对该项政策进行绩效评价。陕西省的粮食直接补贴政策自 2004 年实施以来已有十余年时间，有必要对该项政策的实施绩效进行评价，目前很少有研究通过计量方法评价陕西省的粮食直补政策绩效，运用 AHP 法对粮食直补的绩效进行定量分析是比较简便又实用的。

二　AHP 法分析步骤

AHP 法的分析步骤包括建立评价指标的层次分析模型、构造判断矩阵、层次单排序和一致性检验、层次总排序。具体的分析过程如下。

1. 建立评价指标的层次分析模型

运用 AHP 法进行分析问题时，首先要把分析的问题转化为层次分析模型，将复杂问题分解为由若干层次的元素组成部分。上一层元素为下一层元素的总领，层次一般可以分为如下三层。①基础层：也称为最底层，这一层包含了衡量目标可以测量的具体指标，可以是不同的方案、措施等。②中间层：这一层包括了衡量目标对应的中间环节，可以由多个部分组成，包括中间指标、子准则等。③目标层：也称为最高层，只有一个因素，也是我们需要测量的目标。

2. 构造判断矩阵

上一步建立的层次分析模型反映了各层次之间的关系，但视各因素的重要程度不同的决策者有不同的看法。各因素在测量目标中占的比重不易被量化从而各因素的权重也不好被确定，同时如果因素较多，则也难以确定各因素在测量目标中的比重大小，所以需要利用这些因素构建一个矩阵，从而能够得到每个相关因素所占的比重。

假设有 n 个因子 $X = \{x_1, \cdots, x_n\}$，要比较它们对某测量目标 P 的影响大小，采用各因素两两比较的方法建立判断矩阵 A。判断矩阵中的第 i 行第 j 列的数值 a_{ij} 代表因素 x_i 和 x_j 对测量目标 P 的影响数值之比。如果因素 x_i 和 x_j 对测量目标 P 的影响数值之比为 a_{ij}，则因素 x_j 和 x_i 对测量目标 P 的影响数值之比为 $a_{ji} = \dfrac{1}{a_{ij}}$，通常 a_{ij} 的数值由数字 1~9 和它们的倒数来标度。数值的含义见表 4-1。

表 4-1　判断矩阵的赋值含义

取值	含义	取值	含义
1	x_i 和 x_j 重要性相同	2	介于相同和略微重要之间
3	x_i 比 x_j 略微重要	4	介于略微和明显重要之间
5	x_i 比 x_j 明显重要	6	介于明显和十分明显重要之间
7	x_i 比 x_j 十分明显重要	8	介于十分明显和绝对重要之间
9	x_i 比 x_j 绝对重要		

3. 层次单排序和一致性检验

通过层次单排序可以得到各个因素所占的比重，在这个步骤之中，需要进行计算的就是矩阵的最大特征根和特征向量。特征向量对应的就是各个因素所对应的比重。在所有计算特征向量的方法之中，最为常用的就是和积法和方根法。

和积法的计算步骤如下。

（1）对判断矩阵 A 的元素按列做归一化处理，得到矩阵 $\overline{A}$，归一化处理后的元素为 $\overline{a_{ij}} = \dfrac{a_{ij}}{\sum\limits_{i=1}^{n} a_{ij}}$，$i$，其中 $j = 1, 2, \cdots, n$。

（2）将矩阵 $\overline{A}$ 按行进行相加，得到向量 $\overline{W} = [\overline{w_1}, \overline{w_2}, \cdots, \overline{w_n}]^{\mathrm{T}}$，其中 $\overline{w_i} = \sum\limits_{j=1}^{n} \overline{a_{ij}}$。

（3）再对向量 $\overline{W}$ 做归一化处理，得到向量 $W = [w_1, w_2, \cdots,$

$w_n]^{\mathrm{T}}$，其中 $w_i = \dfrac{\overline{w_i}}{\sum\limits_{i=1}^{n} \overline{w_i}}$，向量 W 为特征向量的近似解。

（4）计算判断矩阵 A 的最大特征根 $\lambda_{\max} = \dfrac{1}{n} \sum\limits_{i=1}^{n} \left(\dfrac{\sum\limits_{j=1}^{n} a_{ij} w_j}{w_j} \right)$。

方根法的计算步骤如下。

（1）将判断矩阵的每一行元素相乘，得到向量 $M = [m_1, m_2, \cdots, m_n]^{\mathrm{T}}$。

（2）对向量 M 的每个元素计算 n 次方根，得到向量 $\overline{W} = [\overline{w_1}, \overline{w_2}, \cdots, \overline{w_n}]^{\mathrm{T}}$，其中 $\overline{w_i} = \sqrt[n]{m_i}$。

（3）再对向量 $\overline{W}$ 做归一化处理，得到向量 $W = [w_1, w_2, \cdots, w_n]^{\mathrm{T}}$，其中 $w_i = \dfrac{\overline{w_i}}{\sum\limits_{i=1}^{n} \overline{w_i}}$，向量 W 为特征向量的近似解。

（4）计算判断矩阵 A 的最大特征根 $\lambda_{\max} = \dfrac{1}{n} \sum\limits_{i=1}^{n} \left(\dfrac{\sum\limits_{j=1}^{n} a_{ij} w_j}{w_j} \right)$。

在求得了判断矩阵 A 的最大特征根和特征向量后，还需做一致性检验，步骤如下。

（1）首先计算一致性指标 CI，$CI = \dfrac{\lambda_{\max} - n}{n - 1}$。

（2）查找平均随机一致性指标 RI 的数值，不同的判断矩阵阶数对应的 RI 数值见表 4-2。

表 4-2　平均随机一致性指标 RI 的取值

阶数	1	2	3	4	5	6	7	8
RI	0.00	0.00	0.58	0.90	1.12	1.24	1.32	1.41
阶数	9	10	11	12	13	14	15	
RI	1.45	1.49	1.52	1.54	1.56	1.58	1.59	

（3）一致性比例 CR 的计算，$CR = \dfrac{CI}{RI}$；一般来说当 $CR <$ 0.10 时，就认为判断矩阵 A 的一致性是令人满意的；当 $CR \geqslant$ 0.10 时，就要对判断矩阵 A 进行调整。

4. 层次总排序

根据上一步层次单排序的结果，计算出更上一层次的大小顺序，这就是层次总排序要做的工作。

三　陕西省粮食直接补贴政策绩效评价

运用 AHP 法对陕西省粮食直接补贴政策进行绩效评价，按层次分析法的分析步骤：首先建立陕西省粮食财政直补政策的绩效评价体系，即建立层次分析模型；其次根据建立的绩效评价层次分析模型，构造判断矩阵；再次对判断矩阵做层次单排序和一致性检验；最后进行层次总排序，得到陕西省粮食直补政策的绩效评价值。

（一）绩效评价指标的构建

在构建陕西省粮食财政直补政策的绩效评价体系时，应当考虑的因素包括粮食总产量、粮食人均产量、粮食生产规模、农业产值以及农业生产条件。具体的评价指标见表 4 - 3。

表 4 - 3　陕西省粮食直补政策绩效评价指标

总指标	一级指标	二级指标
陕西省粮食直补政策绩效评价指标	粮食总产量	谷物类产量（万吨）
		豆类产量（万吨）
		薯类产量（万吨）
	粮食人均产量	谷物类人均产量（公斤）
		豆类人均产量（公斤）

总指标	一级指标	二级指标
陕西省粮食直补政策绩效评价指标	粮食人均产量	薯类人均产量（公斤）
	粮食生产规模	粮食播种面积（千公顷）
		谷物单位面积产量（公斤/公顷）
	农业产值	农业总产值（亿元）
		人均农业产值（元）
		农民人均可支配收入（元）
	农业生产条件	大中型拖拉机（台）
		有效灌溉面积（千公顷）
		化肥施用量（万吨）
		小型拖拉机（台）
		排灌柴油机（台）

由表 4 - 3 可知，以谷物类产量、豆类产量、薯类产量 3 个二级指标衡量粮食总产量；以谷物类人均产量、豆类人均产量、薯类人均产量 3 个二级指标衡量粮食人均产量；以粮食播种面积、谷物单位面积产量 2 个二级指标衡量粮食生产规模；以农业总产值、人均农业产值、农民人均可支配收入 3 个二级指标衡量农业产值；以大中型拖拉机、有效灌溉面积、化肥施用量、小型拖拉机、排灌柴油机 5 个二级指标衡量农业生产条件。由此建立了陕西省粮食直补政策的绩效评价层次分析模型。

（二）构造绩效评价的判断矩阵

首先对一级指标与二级指标的重要性进行排序。一级评价指标的排序结果为：粮食总产量、粮食人均产量、粮食生产规模、农业产值、农业生产条件。粮食总产量对应的二级指标的排序结果为：谷物类产量、豆类产量、薯类产量。粮食人均产量对应的二级指标的排序结果为：谷物类人均产量、豆类人均产量、薯类人均产量。粮食生产规模对应的二级指标的排序结果为：粮食播种面积、谷物单位面积产量。农业产值对应的二级指标的排序结果为：农业总产值、人均农业产值、农民人均可支配收入。农业生产条件对应的二级指标的排序结果为：大中型拖拉机、有效灌溉面积、化肥施用量、小型拖拉机、排灌柴油机。

建立的评价指标体系中，一级指标有 5 个，二级指标有 16 个。其中粮食总产量、粮食人均产量、农业产值指标分别包含 3 个二级指标，粮食生产规模包含 2 个二级指标，农业生产条件包含 5 个二级指标。

我们构造粮食总产量、粮食人均产量、农业产值分别对应的 3 个二级指标的两两判断矩阵如下：

$$\begin{bmatrix} 1 & 2 & 3 \\ \dfrac{1}{2} & 1 & 2 \\ \dfrac{1}{3} & \dfrac{1}{2} & 1 \end{bmatrix} \tag{4.1}$$

构造粮食总产量、粮食人均产量、粮食生产规模、农业产值、农业生产条件 5 个一级指标和农业生产条件对应的大中型拖拉机、有效灌溉面积、化肥施用量、小型拖拉机、排灌柴油机 5 个二级指标的两两判断矩阵如下：

$$\begin{bmatrix} 1 & 2 & 3 & 4 & 5 \\ \dfrac{1}{2} & 1 & 2 & 3 & 4 \\ \dfrac{1}{3} & \dfrac{1}{2} & 1 & 2 & 3 \\ \dfrac{1}{4} & \dfrac{1}{3} & \dfrac{1}{2} & 1 & 2 \\ \dfrac{1}{5} & \dfrac{1}{4} & \dfrac{1}{3} & \dfrac{1}{2} & 1 \end{bmatrix} \tag{4.2}$$

粮食播种面积和谷物单位面积产量 2 个二级指标的地位相同，因此不需要构建这两个指标的判断矩阵。

（三）层次单排序和一致性检验

我们采用和积法来计算特征向量和判断矩阵 A 的最大特征根，首先计算矩阵（4.1）的特征向量和最大特征根，并进行一致性检验。

将判断矩阵（4.1）的元素按列归一化，得到如下矩阵：

$$\begin{bmatrix} 0.545 & 0.571 & 0.500 \\ 0.273 & 0.286 & 0.333 \\ 0.182 & 0.143 & 0.167 \end{bmatrix}$$

将上述矩阵按行相加得到向量 $[1.616, 0.892, 0.492]^T$，再将向量做归一化处理，即得到特征向量的近似解 $[0.539, 0.297, 0.164]^T$，则谷物类产量、豆类产量、薯类产量 3 个二级指标，谷物类人均产量、豆类人均产量、薯类人均产量 3 个二级指标和农业总产值、人均农业产值、农民人均可支配收入 3 个二级指标的权重分别为 0.539、0.297、0.164。

判断矩阵（4.1）的最大特征根为：

$$\lambda_{max} = \frac{1}{n} \sum_{i=1}^{n} \left[\frac{\sum_{j=1}^{n} a_{ij} w_j}{w_i} \right] = \frac{1}{3} \left(\frac{1 \times 0.539 + 2 \times 0.297 + 3 \times 0.164}{0.539} + \right.$$

$$\frac{0.5 \times 0.539 + 1 \times 0.297 + 2 \times 0.164}{0.297} + \left. \frac{0.333 \times 0.539 + 0.5 \times 0.297 + 1 \times 0.164}{0.164} \right)$$

$$= 3.009$$

一致性指标 $CI = \dfrac{\lambda_{max} - n}{n-1} = \dfrac{3.009 - 3}{3-1} = 0.0045$。由表 4-2 可知，当 n 等于 3 时，平均随机一致性指标 RI 的取值为 0.58，从而一致性比例 $CR = \dfrac{CI}{RI} = 0.008 < 0.1$，则判断矩阵满足一致性要求。

其次计算矩阵（4.2）的特征向量和最大特征根，并进行一致性检验。

将判断矩阵（4.2）的元素按列归一化，得到如下矩阵：

$$\begin{bmatrix} 0.438 & 0.490 & 0.439 & 0.381 & 0.333 \\ 0.219 & 0.245 & 0.293 & 0.286 & 0.267 \\ 0.146 & 0.122 & 0.146 & 0.190 & 0.200 \\ 0.109 & 0.082 & 0.073 & 0.095 & 0.133 \\ 0.088 & 0.061 & 0.049 & 0.048 & 0.067 \end{bmatrix}$$

将上述矩阵按行相加得到向量 $[2.081，1.310，0.804，0.492，0.313]^{\mathrm{T}}$，再将向量做归一化处理，即得到特征向量的近似解 $[0.416，0.262，0.161，0.098，0.063]^{\mathrm{T}}$，则粮食总产量、粮食人均产量、粮食生产规模、农业产值、农业生产条件5个一级指标和农业生产条件对应的大中型拖拉机、有效灌溉面积、化肥施用量、小型拖拉机、排灌柴油机5个二级指标的权重分别为0.416、0.262、0.161、0.098、0.063。

判断矩阵（4.2）的最大特征根为：

$$\lambda_{\max} = \frac{1}{n} \sum_{i=1}^{n} \left[\frac{\sum_{j=1}^{n} a_{ij} w_j}{w_i} \right] =$$

$$\frac{1}{5} \Big(\frac{1 \times 0.416 + 2 \times 0.262 + 3 \times 0.161 + 4 \times 0.098 + 5 \times 0.063}{0.416} +$$

$$\frac{0.5 \times 0.416 + 1 \times 0.262 + 2 \times 0.161 + 3 \times 0.098 + 4 \times 0.063}{0.262} +$$

$$\frac{0.333 \times 0.416 + 0.5 \times 0.262 + 1 \times 0.161 + 2 \times 0.098 + 3 \times 0.063}{0.161} +$$

$$\frac{0.25 \times 0.416 + 0.333 \times 0.262 + 0.5 \times 0.161 + 1 \times 0.098 + 2 \times 0.063}{0.098} +$$

$$\frac{0.2 \times 0.416 + 0.25 \times 0.262 + 0.333 \times 0.161 + 0.5 \times 0.098 + 1 \times 0.063}{0.063} \Big)$$

$$= 5.068$$

一致性指标 $CI = \dfrac{\lambda_{\max} - n}{n - 1} = \dfrac{5.068 - 5}{5 - 1} = 0.017$。由表4-2

可知，当 n 等于 5 时，平均随机一致性指标 RI 的数值为 1.12，从而一致性比例 $CR = \dfrac{CI}{RI} = 0.015 < 0.1$，则判断矩阵满足一致性要求。

由此，我们可以得到陕西省粮食直补政策绩效评价指标的权重（见表 4 - 4）。

表 4 - 4　陕西省粮食直补政策绩效评价指标

总指标	一级指标	二级指标
陕西省粮食直补政策绩效评价指标	粮食总产量（0.416）	谷物类产量（0.539）
		豆类产量（0.297）
		薯类产量（0.164）
	粮食人均产量（0.262）	谷物类人均产量（0.539）
		豆类人均产量（0.297）
		薯类人均产量（0.164）
	粮食生产规模（0.161）	粮食播种面积（0.5）
		谷物单位面积产量（0.5）
	农业产值（0.098）	农业总产值（0.539）
		人均农业产值（0.297）
		农民人均可支配收入（0.164）
	农业生产条件（0.063）	大中型拖拉机（0.416）
		有效灌溉面积（0.262）
		化肥施用量（0.161）
		小型拖拉机（0.098）
		排灌柴油机（0.063）

（四）样本描述

陕西省粮食直补政策绩效评价各一级指标的数据来源于 2001 ~ 2015 年的《中国统计年鉴》，因此本书研究的时间跨度为 2000 ~ 2014 年，其中 2006 年各地的大中型拖拉机、有效灌溉面积、化肥施用量、小型拖拉机、排灌柴油机数据在《中国统计年鉴》中未公布，陕西省 2006 年的大中型拖拉机、有效灌溉面积、化肥施用量、小型拖拉机、排灌柴油机数据采用 2005～2007 年的平均数。陕西省 2013 年排灌柴油机数量为异常值，用 2012 年与 2014 年的平均数代替。变量的描述性统计量见表 4－5。

表 4－5 变量的描述性统计量

变量名称	样本数	均值	标准差	最小值	最大值
谷物类产量（万吨）	15	984.427	83.149	863.300	1119.500
豆类产量（万吨）	15	38.409	8.490	24.600	50.000
薯类产量（万吨）	15	79.722	12.074	42.000	96.100
谷物类人均产量（公斤）	15	265.290	19.800	235.103	298.295
豆类人均产量（公斤）	15	10.351	2.255	6.699	13.448
薯类人均产量（公斤）	15	21.501	3.281	11.382	26.372
粮食播种面积（千公顷）	15	3234.376	204.755	3076.540	3821.500
谷物单位面积产量（公斤/公顷）	15	3775.474	384.486	3095.000	4327.000
农业总产值（亿元）	15	838.636	541.775	327.800	1870.784
人均农业产值（元）	15	2247.508	1429.220	899.561	4955.562
农民人均可支配收入（元）	15	3395.653	2047.666	1443.860	7932.208
大中型拖拉机（台）	15	56730.567	29392.703	26600.000	101700.000
有效灌溉面积（千公顷）	15	1283.483	29.729	1209.900	1314.700
化肥施用量（万吨）	15	173.478	40.155	131.100	241.700
小型拖拉机（台）	15	185916.100	9794.360	175610.000	204400.000
排灌柴油机（台）	15	41576.700	9212.315	31300.000	55700.000

陕西省 2000～2014 年的谷物类产量均值为 984.427 万吨，标准差为 83.149，最小值为 863.300 万吨，最大值为 1119.500 万吨；豆类产量均值为 38.409 万吨，标准差为 8.490，最小值为 24.600 万吨，最大值为 50.000 万吨；薯类产量均值为 79.722 万吨，标准差为 12.074，最小值为 42.000 万吨，最大值为 96.100 万吨；谷物类人均产量均值为 265.290 公斤，标准差为 19.800，最小值为

235.103 公斤，最大值为 298.295 公斤；豆类人均产量均值为 10.351 公斤，标准差为 2.255，最小值为 6.699 公斤，最大值为 13.448 公斤；薯类人均产量均值为 21.501 公斤，标准差为 3.281，最小值为 11.382 公斤，最大值为 26.372 公斤；粮食播种面积均值为 3234376 公顷，标准差为 204.755，最小值为 3076540 公顷，最大值为 3821500 公顷；谷物每公顷产量均值为 3775.474 公斤，标准差为 384.486，最小值为 3095.000 公斤，最大值为 4327.000 公斤；农业总产值均值为 838.636 亿元，标准差为 541.775，最小值为 327.800 亿元，最大值为 1870.784 亿元；人均农业产值均值为 2247.508 元，标准差为 1429.220，最小值为 899.561 元，最大值为 4955.562 元；农民人均可支配收入均值为 3395.653 元，标准差为 2047.666，最小值为 1443.860 元，最大值为 7932.208 元；大中型拖拉机均值为 56730.567 台，标准差为 29392.703，最小值为 26600.000 台，最大值为 101700.000 台；有效灌溉面积均值为 1283483 公顷，标准差为 29.729，最小值为 1209900 公顷，最大值为 1314700 公顷；化肥施用量均值为 173.478 万吨，标准差为 40.155，最小值为 131.100 万吨，最大值为 241.700 万吨；小型拖拉机均值为 185916.100 台，标准差为 9794.360，最小值为 175610.000 台，最大值为 204400.000 台；排灌柴油机均值为 41576.700 台，标准差为 9212.315，最小值为 31300.000 台，最大值为 55700.000 台。

（五）层次总排序

由于陕西省粮食直补政策绩效评价各一级指标的量纲并不一致，在进行层次总排序之前，需对数据做无量纲化处理，即对数据进行标准化。指标数据的最大值记为 d_{max}，最小值记为 d_{min}，我们记指标数据值 d_i 标准化后的值为 p_i。

令 $p_i = \dfrac{d_i - d_{min}}{d_{max} - d_{min}}$，我们按此方法对陕西省粮食直补政策绩

效评价各一级指标数据进行标准化，利用标准化后的数据，结合表 4 - 4 陕西省粮食直补政策绩效评价指标权重，通过计算可得陕西省粮食直补政策绩效（评价一级指标绩效以及总绩效），具体见表 4 - 6。

表 4 - 6　陕西省粮食直补政策绩效

年份	粮食总产量	粮食人均产量	粮食生产规模	农业产值	农业生产条件	总绩效值
2000	0.446	0.490	0.539	0.000	0.327	0.421
2001	0.175	0.188	0.296	0.006	0.331	0.191
2002	0.260	0.273	0.299	0.017	0.360	0.252
2003	0.117	0.115	0.212	0.009	0.216	0.127
2004	0.406	0.414	0.295	0.057	0.254	0.346
2005	0.358	0.370	0.393	0.094	0.315	0.338
2006	0.590	0.594	0.396	0.131	0.337	0.499
2007	0.535	0.530	0.248	0.194	0.359	0.443
2008	0.662	0.654	0.310	0.286	0.463	0.554
2009	0.662	0.654	0.364	0.320	0.556	0.571
2010	0.723	0.713	0.420	0.491	0.654	0.644
2011	0.784	0.772	0.464	0.652	0.684	0.710
2012	0.878	0.866	0.534	0.760	0.789	0.802
2013	0.722	0.695	0.503	0.880	0.703	0.694
2014	0.642	0.603	0.459	1.000	0.763	0.645

用图形对陕西省粮食直补政策绩效进行展示，如图 4 - 1 所示。

（六）结果分析

从表 4 - 6 和图 4 - 1 可以看出，陕西省在实行粮食财政直接补贴政策之前，粮食总产量、粮食人均产量、粮食生产规模、农业生产条件 4 个一级指标绩效和总绩效总体都呈下降趋势，农业产值指标绩效变化并不明显。在实行了粮食财政直接补贴政策之后，粮食总产量、粮食人均产量、粮食生产规模、农业产值、农业生产条件 5 个一级指标绩效和总绩效总体上呈现上升趋势，特别是农业产值指标绩效出现明显的上升趋势，并且绩效连年增长。实行粮食直补政策前，粮食种植面积连年下降，实行粮食直补政策后，粮食种植面积才开始有所回升。

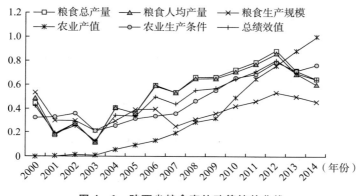

图 4 - 1　陕西省粮食直补政策绩效曲线

　　与实行粮食财政直接补贴政策之前相比，在实行了粮食财政直接补贴政策之后，粮食总产量、粮食人均产量、农业产值、农业生产条件 4 个一级指标绩效和总绩效有了较大提升，但粮食生产规模绩效与实行直补政策之前相比，并没有出现明显变化。这主要是因为我国的耕地面积有限，虽然农民想更多地种植粮食，但没有多余的耕地可种。

　　近年粮食生产规模绩效仅回到实行粮食直补政策前的水平，但同时粮食总产量和粮食人均产量绩效出现了明显提高，说明虽然受耕地面积限制，但粮食生产效率有所提高，粮食单位面积产量提升较多，实行粮食直补政策后，农民更多地采用了良种进行种植，化肥等农资的投入也有大幅增长。

　　农业生产条件绩效在实行了粮食财政直补政策后，出现了持续的增长，说明农机具购置补贴有效提升了农业机械化水平，农户更多地选择了农机进行种植，改善了农业生产条件，进一步提高了农业生产效率。

2007 年，粮食总产量、粮食人均产量、粮食生产规模绩效和总绩效出现了较为明显的下降，2008 年之后才开始回升，这主要是因为受当时国内外的影响，在此期间的通货膨胀导致粮食生产成本上升，粮食直补政策的效果受到影响，农民种粮积极性有所下降。

2013 年和 2014 年，粮食总产量、粮食人均产量、粮食生产规模、农业生产条件绩效和总绩效相比 2012 年有所下降，说明对于农户来说种粮的吸引力在下降，这需引起高度重视，需进一步提高粮食直补的标准，提高农户的种粮积极性。

总之，陕西省的粮食直补政策扭转了粮食总产量、粮食人均产量、粮食生产规模、农业生产条件绩效和总绩效的下降趋势，使得各指标绩效有了明显提升，但近年粮食绩效水平有所下降，需给予高度重视，对粮食直补政策做出及时调整，促进农户种粮积极性的提高。

四　省际粮食财政直补政策绩效评价

对陕西省粮食直接补贴政策进行绩效评价，不仅应从纵向的角度计算其各年的政策绩效，还应从横向的角度比较其粮食直接补贴政策的绩效在全国的水平。本小节对我国省际的粮食财政直补政策绩效进行测算，方法采用 AHP 法，评价指标使用本章第三节的评价体系，数据来源为 2015 年的《中国统计年鉴》。

（一）样本基本统计量

全国 31 个省份粮食财政直补政策绩效评价指标数据的描述性统计量如表 4 - 7 所示。

表 4 - 7 变量的描述性统计量

变量名称	样本数	均值	标准差	最小值	最大值
谷物类产量（万吨）	31	1798.088	1580.551	62.595	5665.494
豆类产量（万吨）	31	52.435	84.682	0.660	469.587
薯类产量（万吨）	31	107.626	108.632	0.525	494.500
谷物类人均产量（公斤）	31	403.397	323.863	29.092	1478.084
豆类人均产量（公斤）	31	12.889	21.953	0.307	122.512
薯类人均产量（公斤）	31	28.555	28.217	0.317	100.655
粮食播种面积（千公顷）	31	3636.212	2913.217	120.174	11696.414
谷物单位面积产量（公斤/公顷）	31	5691.501	838.565	3944.559	7444.648
农业总产值（亿元）	31	1766.824	1260.668	63.256	4765.784
人均农业产值（元）	31	3941.733	1743.769	698.811	8506.137
农民人均可支配收入（元）	31	10904.292	3727.598	6276.592	21191.645
大中型拖拉机（台）	31	183209.680	222450.537	3500	921600
有效灌溉面积（千公顷）	31	2081.920	1656.346	143.110	5305.196
化肥施用量（万吨）	31	193.417	153.387	5.340	705.750
小型拖拉机（台）	31	557990.320	763256.336	2000	3462600
排灌柴油机（台）	31	301977.420	404925.565	0	1810600

谷物类产量均值为 1798.088 万吨，标准差为 1580.551，最小值为 62.595 万吨，最大值为 5665.494 万吨；豆类产量均值为 52.435 万吨，标准差为 84.682，最小值为 0.660 万吨，最大值为 469.587 万吨；薯类产量均值为 107.626 万吨，标准差为 108.632，最小值为 0.525 万吨，最大值为 494.500 万吨；谷物类人均产量均值为 403.397 公斤，标准差为 323.863，最小值为 29.092 公斤，最大值为 1478.084 公斤；豆类人均产量均值为 12.889 公斤，标准差为 21.953，最小值为 0.307 公斤，最大值为 122.512 公斤；薯类人均产量均值为 28.555 公斤，标准差为 28.217，最小值为 0.317 公斤，最大值为 100.655 公斤；粮食播种面积均值为 3636212 公顷，标准差为 2913.217，最小值为 120174 公顷，最大值为 11696414 公顷；谷物每公顷产量均值为 5691.501 公斤，标准差为 838.565，最

小值为 3944. 559 公斤，最大值为 7444. 648 公斤；农业总产值均值为 1766. 824 亿元，标准差为 1260. 668，最小值为 63. 256 亿元，最大值为 4765. 784 亿元；人均农业产值均值为 3941. 733 元，标准差为 1743. 769，最小值为 698. 811 元，最大值为 8506. 137 元；农民人均可支配收入均值为 10904. 292 元，标准差为 3727. 598，最小值为 6276. 592 元，最大值为 21191. 645 元；大中型拖拉机均值为 183209. 680 台，标准差为 222450. 537，最小值为 3500 台，最大值为 921600 台；有效灌溉面积均值为 2081920 公顷，标准差为 1656. 346，最小值为 143110 公顷，最大值为 5305196 公顷；化肥施用量均值为 193. 417 万吨，标准差为 153. 387，最小值为 5. 340 万吨，最大值为 705. 750 万吨；小型拖拉机均值为 557990. 320 台，标准差为 763256. 336，最小值为 2000 台，最大值为 3462600 台；排灌柴油机均值为 301977. 420 台，标准差为 404925. 565，最小值为 0 台，最大值为 1810600 台。

（二）省际粮食财政直补政策绩效排序

由于粮食直补政策绩效评价各一级指标的量纲并不一致，在进行层次总排序之前，需对数据做无量纲化处理，即对数据进行标准化。指标数据的最大值记为 d_{max}，最小值记为 d_{min}，我们记指标数据值 d_i 标准化后的值为 p_i。

令 $p_i = \dfrac{d_i - d_{min}}{d_{max} - d_{min}}$，我们按此方法对各地粮食直补政策绩效评价各一级指标数据进行标准化，利用标准化后的数据，结合表 4 - 4 粮食直补政策绩效评价指标权重，通过计算可得各地粮食直补政策绩效（评价一级指标绩效以及总绩效），具体见表 4 - 8。

根据表 4 - 8 中各地粮食直补政策绩效排名结果，我们可以把各地粮食直补政策绩效分为以下三类：第一类是绩效较高的地区，它们分别是黑龙江、河南、山东、吉林、内蒙古、四川、江苏、安徽、河北、湖南；第二类是绩效水平中等的地区，它们分别是湖北、云南、新疆、江西、重庆、辽宁、甘肃、广西、贵州、广东、陕西；第三类是绩效水平较低的地区，它们分别是浙江、山西、福建、宁夏、海南、上海、西藏、天津、青海、北京。可以看出，粮食直补政策绩效水平较高的地区集中在中西部，其农业资源具有较高的禀赋，基本上为农业大省；绩效水平较低的地区分为两类，一类是浙江、上海、天津、北京等经济发达的地区，另一类是海南、西藏、青海等农业资源禀赋较差的地区。

表 4 - 8　粮食直补政策绩效

地区	粮食总产量	粮食人均产量	粮食生产规模	农业产值	农业生产条件	总绩效值	排名
北京	0.000	0.000	0.221	0.150	0.003	0.051	31
天津	0.011	0.033	0.186	0.169	0.019	0.061	29
河北	0.359	0.184	0.484	0.583	0.479	0.363	9
山西	0.147	0.155	0.223	0.209	0.154	0.168	23
内蒙古	0.349	0.559	0.475	0.382	0.517	0.438	5
辽宁	0.188	0.164	0.360	0.369	0.218	0.229	16
吉林	0.376	0.533	0.711	0.355	0.370	0.469	4
黑龙江	0.871	0.881	0.853	0.657	0.761	0.843	1
上海	0.005	0.007	0.434	0.176	0.005	0.092	27
江苏	0.375	0.175	0.628	0.608	0.362	0.385	7
浙江	0.099	0.066	0.427	0.365	0.095	0.169	22
安徽	0.395	0.245	0.558	0.382	0.455	0.385	8
福建	0.099	0.107	0.345	0.364	0.083	0.166	24
江西	0.233	0.197	0.451	0.235	0.151	0.254	14
山东	0.504	0.196	0.641	0.759	0.699	0.483	3
河南	0.606	0.243	0.723	0.703	0.700	0.545	2
湖北	0.284	0.186	0.522	0.514	0.328	0.322	11
湖南	0.331	0.188	0.544	0.501	0.309	0.343	10

续表

地区	粮食总产量	粮食人均产量	粮食生产规模	农业产值	农业生产条件	总绩效值	排名
广东	0.174	0.058	0.345	0.424	0.175	0.196	20
广西	0.172	0.138	0.343	0.381	0.178	0.212	18
海南	0.019	0.110	0.160	0.311	0.043	0.096	26
重庆	0.200	0.289	0.420	0.236	0.053	0.253	15
四川	0.486	0.243	0.553	0.497	0.260	0.420	6
贵州	0.189	0.232	0.190	0.265	0.092	0.202	19
云南	0.289	0.244	0.296	0.332	0.283	0.282	12
西藏	0.004	0.119	0.241	0.061	0.048	0.081	28
陕西	0.145	0.151	0.168	0.387	0.159	0.175	21
甘肃	0.179	0.297	0.193	0.273	0.161	0.220	17
青海	0.015	0.153	0.007	0.088	0.016	0.057	30
宁夏	0.042	0.291	0.304	0.179	0.052	0.163	25
新疆	0.147	0.249	0.439	0.541	0.499	0.282	13

从粮食直补政策绩效分析可以看出，粮食直补政策绩效还受到各地农业资源禀赋的影响，同时也受经济发展水平的影响，那些拥有较好的农业资源禀赋和生产条件的地区粮食直补政策的绩效水平较高。经济发达地区由于较多的土地被用于发展经济，因此粮食直补政策绩效难以体现。

五　本章小结

本章我们运用 AHP 法对陕西省 2000～2014 年的粮食直补政策绩效进行了测算，结果表明，陕西省在实行粮食财政直接补贴政策之前，粮食总产量、粮食人均产量、粮食生产规模、农业生产条件 4 个一级指标绩效和总绩效总体呈下降趋势，农业产值指标绩效变化并不明显。在实行了粮食财政直接补贴政策之后，粮食总产量、粮食人均产量、粮食生产规模、农业产值、农业生产条件 5 个一级指标绩效和总绩效总体上呈现上升趋势，特别是农业产值指标绩效出现明显的上升趋势，并且绩效连年增长。

运用 AHP 法对我国省际的粮食财政直补政策绩效进行测算，发现粮食直补政策绩效还受到各地农业资源禀赋的影响，同时也受经济发展水平的影响。陕西省的粮食直补政策绩效在全国处于中等水平。

第五章

陕西省粮食直接补贴政策的
农户满意度分析

　　国家实行粮食直接补贴政策的目的是通过提高农户生产粮食的积极性，从而实现粮食增产和农民增收，自从粮食直补政策实施以来，农户种粮的积极性是否得到提高，农户对粮食直接补贴政策的评价如何，可通过农户的满意度来反映。本章通过对陕西省6个县的农户进行实地调查，分析种粮农户对政策的满意度，并运用多元有序 Logit 回归模型对满意度受到哪些因素影响进行分析。

一　理论框架

（一）收入补贴效果分析

　　收入补贴主要包括对种粮农民的直接补贴与农业生产资料增支综合直接补贴，政府采取将补贴资金直接发放给农民的方式，把农资综合直接补贴也作为收入补贴，是因为该项政策虽然是弥补农户生产资料价格上涨所造成的生产成本上升，但具体用途由农户决定，因此可以视为农户的收入。影响粮食产量的因素除劳动力和资本之外，还包括土地和技术因素，但土地在年度间的变化并不大，另外技术进步虽然对粮食产量的促进作用很大，但技术进步和推广需要较长时间来完成，短期内同样变化不大，从而可以假定土地和技术因素不变。粮食生产函数可以简化为 $Q = f(L, K)$ ，其中 L 为劳动力，K 为资本。假定农民是完全理性的，信息也是完全对称的，种子、农机等为生产资本投入，则收入补贴的政策效应如图 5 - 1 所示。

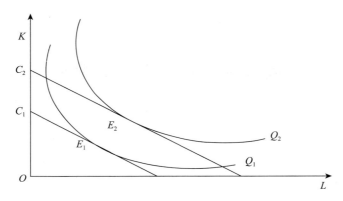

图 5 - 1　收入补贴效果分析

在实行粮食生产收入补贴政策之前，等成本曲线为 C_1，等产量曲线为 Q_1，粮食的均衡产量为 E_1。粮食生产收入补贴政策并不改变资本和劳动力的价格，因此当粮食生产收入补贴额为 ΔC 时，等成本曲线 C_1 向右平移至 C_2，$C_2 = C_1 + \Delta C$，等产量曲线向右平移至 Q_2，粮食的均衡产量为 E_2，显然 $E_2 > E_1$，即收入补贴政策有利于粮食产量的增加，另外粮食最低保护价收购政策的推进实施，使得粮食得以增产、农民得以增收，农民的生产积极性得到提高，农户的满意度得到进一步提升。

（二）生产补贴效果分析

借用图 5 - 2 对粮食生产补贴政策的效果进行分析，粮食生产补贴政策包括对良种实施补贴和对农机具购置进行补贴，假设 P_L 为劳动力的单位价格，P_K 为资本的单位价格，则等成本曲线 C_1 可以表示为：

$$C_1 = P_L \times L + P_K \times K \qquad (5.1)$$

通过计算可以得到 C_1 的斜率为 $K_1 = - P_L/P_K$。

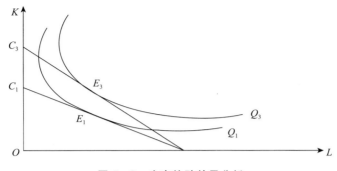

图 5 – 2　生产补贴效果分析

当政府对良种和农机具等生产资料进行补贴时，由于农民是完全理性的，信息也是完全对称的，生产补贴政策并不会导致大量外出打工农户回流，可以认为政策实施后劳动力投入没有明显变化。假定政府对每单位的生产资料的补贴比例为 S，则对农户来说单位生产资料的使用价格降低为 $P_K - S$，此时的等成本曲线 C_3 可以表示为：

$$C_3 = P_L \times L + (P_K - S) \times K \qquad (5.2)$$

通过计算可以得到 C_3 的斜率为 $K_3 = -\dfrac{P_L}{(P_K - S)}$。

显然从绝对值上来讲，$P_K > P_K - S$，因此等成本曲线 C_3 相比 C_1 更为陡峭，从而等成本曲线 C_3 与等产量曲线 Q_3 的均衡产量 $E_3 > E_1$，即实行粮食生产补贴政策后粮食产量得到增加，同样实施了粮食最低保护价收购的政策，使得农民的收入得到了相应的保障，降低了农民种植粮食作物的风险，民众对于国家的补贴和调控政策赞不绝口。

从中我们可以看出，国家实施的粮食直接补贴政策有利于促进农户的种粮积极性提高，进而提高农户满意度。

（三）满意度的影响因素

根据相关学者的研究成果，并结合调研得到的情况，农户对粮食直接补贴政策的满意度受以下几个方面因素的影响。

（1）粮食直接补贴政策的满意度受个人特征的影响。每个人的认知不同、需求不同、经历也不同，在同样的补贴标准下，个人的满意度自然有所不同。个人基本特征包括农户的性别、年龄、学历、除种粮外是否有一技之长、外出打工是否方便等。

（2）粮食直接补贴政策的满意度受家庭种植情况的影响。不同的家庭种植情况不同，粮食种植面积有差别，种粮收入占家庭总收入的比例也不同，对粮食直补政策的满意度评价也存在差异。本书选择的家庭种植情况包括种粮收入占家庭总收入的比例、家庭的粮食种植面积、有无种植非粮食经济作物、是否容易遭受旱涝等。

（3）农户对粮食直接补贴政策的了解度影响满意度。从直观上来讲，农户对粮食直补政策不了解或者了解度越低，对该项政策的满意度就会比较低，随着农户对粮食直接补贴政策的了解度上升，满意度就有可能上升。本书选取农户对粮食直接补贴政策的了解度、是否了解政府进行粮食直接补贴的目的来测量农户对国家实施的粮食直补政策的了解程度。

（4）农户对粮食直接补贴政策的满意度受政府行为的影响。各级政府对粮食直接补贴政策是否重视，是否进行了广泛的动员和宣传，影响农户对粮食直接补贴政策的了解度，进而影响农户对该项政策的满意度。政府对粮食直接补贴政策的信息是否公示，直接影响着该项政策的公信力，从而影响农户的满意度。

二　研究方法

在本书中，将从以上四个方面探讨影响农户对粮食直接补贴政策满意度的因素。因变量为农户对粮食直补政策的满意度，采用李克特 7 级尺度进行测量，"1"表示非常不满意，"2"表示不满意，"3"表示比较不满意，"4"表示一般，"5"表示比较满意，

"6"表示满意，"7"表示非常满意。因变量为多分类的有序变量，因此采用多元有序 Logit 模型进行分析，其模型的基本情况如下。

我们假定因变量 y 的等级有 K 个，分别采用 1，2，$\cdots$，K 表示，自变量为 x，它的个数为 m 个，可以得到多元有序 Logit 模型为：

$$\mathrm{n}[p(y \leqslant k)] = \ln\left[\frac{p(y \leqslant k)}{1 - p(y \leqslant k)}\right] = \alpha_k + \sum_{i=1}^{m}\beta_i x_i \ (k = 1, 2, \cdots, K-1)$$

$$(5.3)$$

由式（5.3）估计出参数 β 后，可以得到第 k 个等级的累积概率为：

$$p(y \leqslant k) = \frac{\exp\left(\alpha_k + \sum\limits_{i=1}^{m}\beta_i x_i\right)}{1 + \exp\left(\alpha_k + \sum\limits_{i=1}^{m}\beta_i x_i\right)} \ (k = 1, 2, \cdots, K-1) \qquad (5.4)$$

其中，α_k 为截距参数，与 β 同时被估计。

三　数据来源及描述

（一）样本的基本情况

本书对粮食直接补贴政策的农户满意度研究的对象选择陕西省农户，为了使样本更具代表性，陕北、关中、陕南各选择 2 个县，每个县选取 10 个村，每个村选取有代表性的 10 户农户，共针对 600 户农户开展问卷调查。陕北选择吴堡县、子长县，关中选择华县、杨凌区，陕南选择勉县、西乡县，共发放问卷 600份，收回问卷 586 份，删除回答不完整问卷，共获得有效问卷537 份，样本的区域分布情况如表 5 - 1 所示。

表 5 - 1　样本的区域分布情况

序号	县（区）	发放样本数	有效样本数	样本有效率（%）
1	吴堡县	100	86	86

序号	县（区）	发放样本数	有效样本数	样本有效率（%）
2	子长县	100	93	93
3	华县	100	89	89
4	杨凌区	100	91	91
5	勉县	100	88	88
6	西乡县	100	90	90

样本的基本情况见表 5－2。

表 5－2　样本的基本情况

统计指标		频数	百分比	有效百分比	累计百分比
性别	女	123	22.9	22.9	22.9
	男	414	77.1	77.1	100
年龄段	21～35 岁	46	8.6	8.6	8.6
	36～50 岁	219	40.8	40.8	49.4
	51～65 岁	223	41.5	41.5	90.9
	65 岁以上	49	9.1	9.1	100
学历	小学及以下	242	45.1	45.1	45.1
	初中	239	44.5	44.5	89.6
	高中、中专	54	10.1	10.1	99.6
	大专及以上	2	0.4	0.4	100
是否有一技之长	否	476	88.6	88.6	88.6
	是	61	11.4	11.4	100
外出打工是否方便	不方便	387	72.1	72.1	72.1
	方便	150	27.9	27.9	100
有无种植经济作物	否	486	90.5	90.5	90.5
	是	51	9.5	9.5	100
是否容易遭受旱涝等自然灾害	否	366	68.2	68.2	68.2
	是	171	31.8	31.8	100
政策了解度	完全不了解	13	2.4	2.4	2.4
	不了解	65	12.1	12.1	14.5

统计指标		频数	百分比	有效百分比	累计百分比
政策了解度	比较不了解	120	22.3	22.3	36.9
	一般	185	34.5	34.5	71.3
	比较了解	101	18.8	18.8	90.1
	了解	50	9.3	9.3	99.4
	完全了解	3	0.6	0.6	100
了解粮食直补政策的目的	否	151	28.1	28.1	28.1
	是	386	71.9	71.9	100
是否开展宣传	否	150	27.9	27.9	27.9
	是	387	72.1	72.1	100
注意信息公示	否	70	13	13	13
	是	467	87	87	100
及时到账	否	120	22.3	22.3	22.3
	是	417	77.7	77.7	100
发放方式	银行卡或存折	537	100	100	100
	现金	0	0	0	100
	其他	0	0	0	100

由表5-1可知，此次调查样本中的女性有123人，占到总样本数的22.9%；男性为414人，占到总样本数的77.1%。可知调查样本以男性为主。21~35岁的人数为46人，占到总样本数的8.6%；36~50岁的人数为219人，占到总样本数的40.8%；51~65岁的人数为223人，占到总样本数的41.5%；65岁以上的人数为49人，占到总样本数的9.1%。可知调查样本以36岁以上的中年人为主。样本中拥有学历为小学及以下的有242人，占到总样本数的45.1%；初中文化的有239人，占到总样本数的44.5%；高中、中专的有54人，占到总样本数的10.1%；大专及以上的有2人，占到总样本数的0.4%。可知调查样本以低学历人群为主。调查样本中没有一技之长的人数为476人，占到总样本数的88.6%；拥有一技之长的人数为61人，占到总样本数的11.4%。可知调查样本

中没有一技之长的人群占大多数。调查样本中没有种植经济作物的人数为 486 人，占到总样本数的 90.5%；种植了经济作物的人数为 51 人，占到总样本数的 9.5%。可知调查样本中没有种植经济作物的人群占大多数。调查样本中不容易遭受旱涝等自然灾害的人数为 366 人，占到总样本数的 68.2%；容易遭受旱涝等自然灾害的人数为 171 人，占到总样本数的 31.8%。可知调查样本中较多农户为不容易遭受旱涝等自然灾害的。调查样本中对粮食直补政策完全不了解、不了解的一共有 78 人，占到总样本数的 14.5%，其余人群占 85.5%，说明农户对粮食直接补贴政策还是比较了解的。调查样本中不了解粮食直补政策目的的有 151 人，占到总样本数的 28.1%；了解粮食直补政策目的的有 386 人，占到总样本数的 71.9%。可知农户对粮食直接补贴政策的目的了解度较高。调查样本中表示政府未开展粮食直补政策宣传的有 150 人，占到总样本数的 27.9%；表示政府开展了粮食直补政策宣传的有 387 人，占到总样本数的 72.1%。可知绝大部分地区对粮食直补政策开展了宣传。调查样本中没有注意过粮食直接补贴政策有关信息公示的有 70 人，占到总样本数的 13%；注意过粮食直接补贴政策有关信息公示的有 467 人，占到总样本数的 87%。可知绝大多数地区对粮食直接补贴政策有关信息做到了公示。调查样本中认为补助资金没有及时到账的有 120 人，占到总样本数的 22.3%；认为补助资金及时到账的有 417 人，占到总样本数的 77.7%。可见对大多数农户来说，补助资金能够及时到账。粮食直补资金全部以银行卡或存折方式发放，不存在以现金或其他方式发放补助资金的情形。

（二）粮食补贴政策的种类

粮食补贴政策只是一个笼统的概念，其中包含着很多具体的政策，比如说粮食直接补贴政策、良种补贴等不同侧重点的政策。国家实行粮食补贴政策以来，有多少农户享受到了该项政策，直接关系到粮食补贴政策实施的效果。通过对陕西省农户进行调查，我们得到陕西省农户享受到的粮食补贴政策情况如表 5 – 3 所示。

表 5 – 3　农户享受到的粮食补贴政策情况

政策种类	粮食直补	农资综合补贴	良种补贴	农机具购置补贴
样本数	447	283	400	26
占比	84.50%	53.50%	75.60%	4.90%

注：农户享受到的粮食补贴政策可能有多个，即农户享受到的粮食补贴政策属于多项选择，农户享受到的粮食补贴政策的分布是其享受到的某一种政策的累计数与总样本的比重，因此农户享受到的粮食补贴政策的分布的频率累计值会大于100%。

由表 5 – 3 可知，享受到粮食直接补贴政策的农户有 447 户，占总样本数的 84.50%，有较多的农户享受到了粮食直补政策，惠及农户面很广；享受到农资综合补贴政策的农户有 283 户，占总样本数的 53.50%；享受到良种补贴政策的农户有 400 户，占总样本数的 75.60%，享受到良种补贴政策的农户数仅次于粮食直补；享受到农机具购置补贴政策的农户有 26 户，占总样本数的 4.90%，说明农户拥有的农机具数较少，享受该项政策的农户数不多。通过调查可知，农户享受到的粮食补贴政策数量最多的是粮食直补，其次是良种补贴，享受到农机具购置补贴的农户数最少。

（三）粮食补贴政策的目的分析

通过本章第三小节的分析可知，有 71.9% 的农户了解粮食补贴政策的目的，具体包括哪些方面需要做深入分析，本书选择增加粮食产量、提升农民收入、提高种粮积极性、增加粮食种植面积、提升粮食质量五个方面进行调查，结果见表 5 – 4。

表 5 – 4　粮食补贴政策的目的分析

目的	增加粮食产量	提高农民收入	提高农户种粮积极性	增加粮食种植面积	提升粮食质量
样本数	367	409	167	262	116

目的	增加粮食产量	提高农民收入	提高农户种粮积极性	增加粮食种植面积	提升粮食质量
占比	70.40%	78.50%	32.10%	50.30%	22.30%

注：农户选择粮食补贴政策的目的可能有多个，即粮食补贴政策的目的属于多项选择，粮食补贴政策的目的分布是农户选择的某一项目的累计数与总样本的比重，因此粮食补贴政策的目的分布频率累计值会大于100%。

由表5－4可知，在调查的农户中，有367户农户认为粮食补贴政策的目的是增加粮食产量，占总样本数的70.40%，即较多农户认同国家实行粮食补贴政策的目的是增加粮食产量；有409户农户认为粮食补贴政策的目的是提高农民收入，占总样本数的78.50%，即绝大多数农户认为粮食补贴政策的目的是提高农民收入；有167户农户认为粮食补贴政策的目的之一是提高农户种粮积极性，占总样本数的32.10%，选择该项的农户数较少，这说明粮食补贴政策在具体的实施细节方面依然有待改进；在所有调查的人员之中，大概有262户居民认为补贴政策的目的是增加粮食种植面积，占总样本数的50.30%，即有约1/2农户认为粮食补贴政策的目的是增加粮食种植面积；有116户农户认为粮食补贴政策的目的是提升粮食质量，占总样本数的22.30%，在提升粮食质量方面有较少的农户选择了该选项，说明农户对粮食补贴政策在粮食质量的提升作用方面认识程度不够。

（四）政府宣传渠道

由本章第三节可知，有72.1%的农户表示政府对粮食直接补贴政策开展了宣传，具体通过哪些渠道开展了宣传，本书也做了调查，共分7个选项，分别为电视、报纸、广播、宣传标语、亲戚介绍、村干部介绍、其他。通过调查得到的结果见表5－5。

表 5 - 5　政府宣传渠道分析

渠道	电视	报纸	广播	宣传标语	亲戚介绍	村干部介绍	其他
样本数	143	72	176	275	203	128	37
占比	37.73%	19.00%	46.44%	72.56%	53.56%	33.77%	9.76%

注：政府对粮食直接补贴政策可用的宣传渠道可能有多个，即粮食直接补贴政策对政府来说宣传渠道属于多项选择，其宣传渠道的分布就是各个渠道在总数之中占到的比重，因此粮食直接补贴政策的宣传渠道的分布频率累计值会大于 100%。

由表 5 - 5 可知，通过电视开展宣传了解到粮食直接补贴政策的农户有 143 户，占总样本数的 37.73%；通过报纸开展宣传了解到粮食直接补贴政策的农户有 72 户，占总样本数的 19.00%；通过广播开展宣传了解到粮食直接补贴政策的农户有 176 户，占总样本数的 46.44%；通过宣传标语了解到粮食直接补贴政策的农户有 275 户，占总样本数的 72.56%；通过亲戚介绍了解到粮食直接补贴政策的农户有 203 户，占总样本数的 53.56%；通过村干部介绍开展宣传了解到粮食直接补贴政策的农户有 128 户，占总样本数的 33.77%；通过其他渠道了解到粮食直接补贴政策的农户有 37 户，占总样本数的 9.76%。通过调查表明，绝大多数农户通过宣传标语了解粮食直接补贴政策，即通过宣传标语对粮食直补政策的宣传效果最好，政府可以进一步通过宣传标语对粮食直补政策开展宣传；通过亲戚介绍对粮食直补政策开展宣传获得的效果其次；通过报纸对粮食直补政策开展宣传得到的效果不显著。

（五）粮食直接补贴政策的满意度评价

国家实行粮食直接补贴的政策以来，农户的满意度如何，直接影响到政策实施的效果，对提高粮食产量、增加粮食种植面积意义重大，本书通过对陕西省农户的调查发现，农户对粮食直接补贴政策的满意度较高，具体见表 5 - 6。

表 5 - 6 农户满意度评价结果

满意度	非常不满意	不满意	比较不满意	一般	比较满意	满意	非常满意
样本数	0	63	65	98	105	85	121
占比	0.00%	11.73%	12.10%	18.25%	19.55%	15.83%	22.53%

由表 5 - 6 可知，没有农户对粮食直接补贴政策非常不满意，不满意和比较不满意的农户共有 128 户，占总样本数的 23.83%；对粮食补贴政策一般、比较满意、满意、非常满意的农户共有 409 户，占总样本数的 76.16%。因此，农户对粮食直接补贴政策的满意度是比较高的，粮食直接补贴政策的实施达到了较好的效果。

四 变量定义及描述

本书的被解释变量为农户对粮食直接补贴政策的满意度，解释变量分为四类，即个人特征变量（性别、年龄段、学历、除种粮外是否有一技之长、外出打工是否方便）、家庭种植情况（种粮收入占家庭总收入的百分比、家庭的粮食种植总面积、有无种植非粮食经济作物、是否容易遭受旱涝等自然灾害）、了解度（对粮食直接补贴政策的了解度、是否了解政府进行粮食直接补贴的目的）、政府行为（政府是否对粮食直接补贴政策开展宣传、是否注意过粮食直接补贴有关信息的公示），解释变量共 13 个，变量的定义及描述见表 5 - 7。

表 5 - 7 变量定义及描述

变量	定义	均值	标准差	预期影响
被解释变量				
农户对粮食直接补贴政策的满意度	1 = 非常不满意，2 = 不满意，3 = 比较不满意，4 = 一般，5 = 比较满意，6 = 满意，7 = 非常满意	4.830	1.661	—

续表

变量	定义	均值	标准差	预期影响
解释变量				
性别	0 = 女，1 = 男	0.771	0.421	待定
年龄段	1 = 21～35 岁，2 = 36～50 岁，3 = 51～65 岁，4 = 65 岁以上	2.512	0.778	正向
学历	1 = 小学及以下，2 = 初中，3 = 高中、中专，4 = 大专及以上	1.657	0.670	负向
除种粮外是否有一技之长	0 = 否，1 = 是	0.114	0.318	负向
外出打工是否方便	0 = 不方便，1 = 方便	0.279	0.449	负向
种粮收入占家庭总收入的百分比	种粮收入占比	0.520	0.277	正向
家庭的粮食种植总面积	实际粮食种植面积	4.998	2.951	正向
有无种植非粮食经济作物	0 = 否，1 = 是	0.095	0.293	负向
是否容易遭受旱涝等自然灾害	0 = 否，1 = 是	0.318	0.466	正向
对粮食直接补贴政策的了解度	1 = 完全不了解，2 = 不了解，3 = 比较不了解，4 = 一般，5 = 比较了解，6 = 了解，7 = 完全了解	3.853	1.232	正向
是否了解政府进行粮食直接补贴的目的	0 = 否，1 = 是	0.719	0.450	正向
政府是否对粮食直接补贴政策开展宣传	0 = 否，1 = 是	0.721	0.449	正向
是否注意过粮食直接补贴有关信息的公示	0 = 否，1 = 是	0.870	0.337	正向

由表 5 - 7 可知，被解释变量农户对粮食直接补贴的满意度变量均值达到 4.830，标准差达到 1.661，农户总体上对补贴政策的满意度较高。解释变量性别的均值达到 0.771，标准差达到 0.421，对满意度的影响情况待定；年龄段的均值达到 2.512，标准差达到 0.778，对满意度的预期影响为正向，主要是随着年龄

的增加，外出打工的机会减少，选择的余地较少，因此初步判断随着年龄的增加，满意度水平提高；学历的均值达到 1.657，标准差达到 0.670，对满意度的预期影响为负向，主要是学历越高的农户对收入的期望相比学历低的农户有所提高，同时随着学历的提高，可以选择的工作机会也就越多，因此初步判断随着学历的提高，满意度水平下降；除种粮外是否有一技之长变量的均值达到 0.114，标准差达到 0.318，对满意度的预期影响为负向，主要是拥有一技之长的农户，大多在种粮外可以有其他收入来源，因此初步判断拥有一技之长的农户，满意度水平较低；外出打工是否方便变量的均值达到 0.279，标准差达到 0.449，对满意度的预期影响为负向，主要是外出打工方便的农户如果外出打工则能赚取的收入相比务农要高得多，因此初步判断外出打工方便的农户，满意度水平较低；种粮收入占家庭总收入的百分比变量的均值达到 0.520，标准差达到 0.277，对满意度的预期影响为正向，主要是种粮收入占家庭总收入的百分比越高，越依赖于种粮带来的收入，因此初步判断种粮收入占家庭总收入的百分比高的农户，满意度水平较高；家庭的粮食种植面积变量的均值达到 4.998，标准差达到 2.951，对满意度的预期影响为正向，主要是粮食种植面积越大，从粮食直接补贴政策获得的补贴就越多，因此初步判断粮食种植面积大的农户，满意度水平较高；有无种植非粮食经济作物变量的均值达到 0.095，标准差达到 0.293，对满意度的预期影响为负向，主要是种植了非粮食经济作物的农户本身对种粮收入不满意，种植了非粮食经济作物后从粮食直接补贴政策获得的补贴较少，因此初步判断种植了非粮食经济作物的农户，满意度水平会比较低；是否容易遭受旱涝等自然灾害变量的均值达到 0.318，标准差达到 0.466，对满意度的预期影响为正向，主要是容易遭受旱涝等自然灾害的农户，种植的风险较高，也更倾向于选择良种进行种植，对政府补贴更受欢迎，因此初步判断容易遭受旱涝等自然灾害的农户，满意度水平较高；对粮食直接补贴政策的了解度变量的均值达到 3.853，标准差达到 1.232，对满意度的预期影响为正向，主要是对粮食直接补贴政策的了解度提高，更能理解政府出台粮食直接补贴政策的目的，因此初步判断对粮食直接补贴政策的了解度越高的农户，满意度水平较高；是否了解政府进行粮食直接补贴的目的变量的均值达到 0.719，标准差达到 0.450，对满意度的预期影响为正向，主要是了解政府进行粮食直接补贴的目的的农户，对该政策的关注度较高，更清楚该项政策实施以来取得的成就，因此初步判断了解政府进行粮食直接补贴的目的的农户，满意度水平较高；政府是否对粮食直接补贴政策开展宣传变量的均值达到 0.721，标准差达到 0.449，对满意度的预期影响为正向，主要是政府对粮食直接补贴政策开展宣传能提高农户对该项政策的了解度，因此初步判断政府对粮食直接补贴相关政策开展宣传，能提高农户的满意度；是否注意过粮食直接补贴有关信息的公示变量的均值达到 0.870，标准差达到 0.337，对满意度的预期影响为正向，主要是政府对粮食直接补贴有关信息进行公示，能提升该项政策的公信力，因此初步判断对粮食直接补贴有关信息进行公示，能提高农户的满意度。

五　满意度差异性分析

在对满意度差异性进行分析时，两分组变量采用 SPSS 独立样本的 T 检验，多分组变量则采用 SPSS 单因素的方差分析方法，分别研究不同性别、年龄段、学历等因素导致的农户对国家实施的粮食直接补贴政策产生的满意度差异。

（一）不同性别的满意度差异

首先对不同性别农户的满意度水平分别做组内统计，得到的结果可见表 5 - 8。

表 5 - 8　性别组统计量

	性别	N	均值	标准差	均值的标准误
您对粮食直接补贴政策实施的满意度	女	123	5.060	1.580	0.142
	男	414	4.770	1.680	0.083

　　由表 5 - 8 可知，调查样本中女性对粮食直接补贴政策实施的满意度均值为 5.060，男性对粮食直接补贴政策实施的满意度均值为 4.770，可知女性对粮食直接补贴政策实施的满意度高于男性，但两者之间是否存在显著差异，则应通过独立样本检验进行分析，结果见表 5 - 9。

表 5 - 9　性别独立样本检验

		方差方程的 Levene 检验		均值方程的 T 检验				
		F	Sig.	T	df	Sig.（双侧）	均值差值	标准误差值
您对粮食直接补贴政策实施的满意度	假设方差相等	1.367	0.243	1.710	535	0.088	0.291	0.170
	假设方差不相等			1.768	210.739	0.078	0.291	0.165

　　由表 5 - 9 可知，方差方程的 Levene 检验得到的 F 统计量其对应的 Sig. 值 = 0.243 > 0.05，故接受方差相等的零假设，可以得出两组数据的方差并无显著差异，因此应当选择方差相等时得到的 T 检验结果，此时的 T 统计量对应的数值为 1.710，相应的显著性水平 Sig.（双侧）值 = 0.088 > 0.05，从而不能拒绝原假设，说明农户性别对国家粮食直接补贴政策实施的满意度无显著差异。

（二）不同年龄段的满意度差异

　　首先对不同年龄段的农户满意度水平分别做组内统计，得到的结果见表 5 – 10。

表 5 – 10　年龄段组统计量

	年龄段	N	均值	标准差	均值的标准误
您对粮食直接补贴政策实施的满意度	21～35 岁	46	4. 300	1. 824	0. 269
	36～50 岁	219	4. 650	1. 647	0. 111
	51～65 岁	223	5. 040	1. 616	0. 108
	65 岁以上	49	5. 160	1. 599	0. 228

由表 5 – 10 可知，21～35 岁年龄段的农户对国家粮食直接补贴政策实施的满意度均值为 4. 300，36～50 岁年龄段的农户对国家粮食直接补贴政策实施的满意度均值为 4. 650，51～65 岁年龄段的农户对国家粮食直接补贴政策实施的满意度均值为 5. 040，65 岁以上年龄段的农户对国家粮食直接补贴政策实施的满意度均值为 5. 160。随着年龄的增长，农户对国家粮食直接补贴政策实施的满意度在提高，但各年龄段的满意度差异是否显著，还应通过单因素的方差分析进行进一步检验，结果可见表 5 – 11。

表 5 – 11　年龄段方差分析

组别	变差	df	方差	F	显著性
组间	35. 306	3	11. 769	4. 346	0. 005
组内	1443. 610	533	2. 708		
总数	1478. 916	536			

如果只考虑年龄段单个因素的影响情况，则在农户对粮食直接补贴政策实施的满意度变差中，不同年龄段可解释的变差为 35. 306，抽样调查导致的变差为 1443. 610，两者对应的方差各自达到 11. 769 和 2. 708，它们相除得到的 F 统计量的值达到 4. 346，对应的显著性水平为 0. 005，显然是小于 0. 05 的，因此可以拒绝原假设，可以得到不同年龄段的农户对粮食直补政策实施的满意度是显著不同的。

进一步对农户满意度差异水平进行两两比较,结果可见表5-12。

表5-12 年龄段两两比较结果

（I） 年龄段	（J） 年龄段	均值差 （I-J）	标准误	显著性	95% 置信区间	
					下限	上限
21~35 岁	36~50 岁	-0.349	0.267	0.192	-0.870	0.180
	51~65 岁	-0.740 *	0.267	0.006	-1.260	-0.220
	65 岁以上	-0.859 *	0.338	0.011	-1.520	-0.200
36~50 岁	21~35 岁	0.349	0.267	0.192	-0.180	0.870
	51~65 岁	-0.392 *	0.157	0.013	-0.700	-0.080
	65 岁以上	-0.510	0.260	0.050	-1.020	0.000
51~65 岁	21~35 岁	0.740 *	0.267	0.006	0.220	1.260
	36~50 岁	0.392 *	0.157	0.013	0.080	0.700
	65 岁以上	-0.118	0.260	0.649	-0.630	0.390
65 岁以上	21~35 岁	0.859 *	0.338	0.011	0.200	1.520
	36~50 岁	0.510	0.260	0.050	0.000	1.020
	51~65 岁	0.118	0.260	0.649	-0.390	0.630

注：*表示均值差的显著性水平为 0.05。

由表5-12可知,21~35岁年龄段的农户与36~50岁年龄段的农户对粮食直接补贴政策实施的满意度水平不存在显著差异性；21~35岁年龄段的农户比51~65岁年龄段的农户对粮食直接补贴政策实施的满意度水平低0.740,且存在显著差异；21~35岁年龄段的农户比65岁以上年龄段的农户对粮食直接补贴政策实施的满意度水平低0.859,且存在显著差异。36~50岁年龄段的农户比51~65岁年龄段的农户对粮食直接补贴政策实施的满意度水平低0.392,且存在显著差异；36~50岁年龄段的农户与65岁以上年龄段的农户对国家粮食直接补贴政策实施的满意度水平相比不存在显著差异。51~65岁年龄段的农户与65岁以上年龄段的农户对国家粮食直接补贴政策实施的满意度水平相比不存在显著差异。

（三）不同学历的满意度差异

首先对不同学历的满意度水平分别做组内统计，得到的结果见表 5 - 13。

表 5 - 13　学历组统计量

	学历	N	均值	标准差	均值的标准误
您对粮食直接补贴政策实施的满意度	小学及以下	242	5.140	1.575	0.101
	初中	239	4.770	1.628	0.105
	高中、中专	54	3.780	1.745	0.237
	大专及以上	2	3.500	0.707	0.500

由表 5 - 13 可知，学历为小学及以下的农户对国家粮食直接补贴政策实施的满意度均值为 5.140，学历为初中的农户对国家粮食直接补贴政策实施的满意度均值为 4.770，学历为高中、中专的农户对国家粮食直接补贴政策实施的满意度均值为 3.780，学历为大专及以上的农户对国家粮食直接补贴政策实施的满意度均值为 3.500。这说明学历越高的农户对国家粮食直接补贴政策实施的满意度越低，但各学历水平的满意度差异是否显著，还应通过单因素的方差分析进行进一步检验，其结果可见表 5 - 14。

表 5 - 14　学历方差分析

组别	变差	df	方差	F	显著性
组间	88.266	3	29.422	11.277	0.000
组内	1390.650	533	2.609		
总数	1478.916	536			

如果只考虑学历单个因素的影响情况，则农户对粮食直接补贴政策实施的满意度变差中，不同学历可解释的变差为 88.266，抽样调查导致的变差为 1390.650，两者对应的方差分别达到 29.422 和 2.609，它们相除得到的 F 统计量数值为 11.277，对应的

显著性水平为 0.000，小于 0.05，因此拒绝原假设，可以认为不同学历的满意度水平存在显著差异。进一步对差异进行两两比较，结果见表 5-15，大专及以上学历的农户仅有 2 户，因此不做两两比较。

表 5-15　学历两两比较结果

（I）学历	（J）学历	均值差（I - J）	标准误	显著性	95% 置信区间	
					下限	上限
小学及以下	初中	0.379*	0.147	0.010	0.090	0.670
	高中、中专	1.367*	0.243	0.000	0.890	1.840
初中	小学及以下	- 0.379*	0.147	0.010	- 0.670	- 0.090
	高中、中专	0.988*	0.243	0.000	0.510	1.470
高中、中专	小学及以下	- 1.367*	0.243	0.000	- 1.840	- 0.890
	初中	- 0.988*	0.243	0.000	- 1.470	- 0.510

注：* 表示均值差的显著性水平为 0.05。

由表 5-15 可知，学历为小学及以下的农户比学历为初中的农户对国家粮食直接补贴政策实施的满意度水平高 0.379，且存在显著差异；学历为小学及以下的农户比学历为高中、中专的农户对国家粮食直接补贴政策实施的满意度水平高 1.367，且存在显著差异；学历为初中的农户比学历为高中、中专的农户对国家粮食直接补贴政策实施的满意度水平高 0.988，且存在显著差异。

（四）除种粮外是否有一技之长的满意度差异

首先对除种粮外是否有一技之长的满意度水平分别做组内统计，得到的结果见表 5-16。

表 5-16　除种粮外是否有一技之长组统计量

	除种粮外是否有一技之长	N	均值	标准差	均值的标准误
	否	476	4.880	1.662	0.076

	除种粮外 是否有一技之长	N	均值	标准差	均值的 标准误
您对粮食直 接补贴政策 实施的满意度	是	61	4.490	1.629	0.209

由表 5 – 16 可知，调查样本中除种粮外没有一技之长的农户对国家粮食直接补贴政策实施的满意度均值为 4.880，除种粮外有一技之长的农户对国家粮食直接补贴政策实施的满意度均值为 4.490。这说明除种粮外没有一技之长的农户对国家粮食直接补贴政策实施的满意度高于拥有一技之长的农户，但两者之间是否存在显著差异，则应通过独立样本的 T 检验进行进一步分析，其结果可见表 5 – 17。

表 5 – 17　除种粮外是否有一技之长的独立样本检验

		方差方程的 Levene 检验		均值方程的 T 检验				
		F	Sig.	T	df	Sig. （双侧）	均值 差值	标准 误差值
您对粮食 直接补贴 政策实施 的满意度	假设方 差相等	0.033	0.856	1.704	535	0.089	0.384	0.225
	假设方 差不相等			1.730	76.894	0.088	0.384	0.222

由表 5 – 17 可知，方差方程的 Levene 检验得到的 F 统计量相对应的显著性 Sig. 值 = 0.856 > 0.05，故接受方差是相等的零假设，可以得出两组数据的方差并无显著差异，因此应当选择方差为相等时得到的 T 检验结果，此时的 T 统计量的值达到 1.704，对应的方差相等时的显著性水平 Sig. （双侧）值 = 0.089 > 0.05，从而不能拒绝原假设，说明除种粮外是否有一技之长对国家粮食直接补贴政策实施的满意度无显著差异。

（五）外出打工便利性的满意度差异

首先对外出打工便利性的满意度水平分别做组内统计，得到的结果见表 5 – 18。

表 5 – 18 外出打工便利性组统计量

	外出打工是否方便	N	均值	标准差	均值的标准误
您对粮食直接补贴政策实施的满意度	不方便	387	5.120	1.580	0.080
	方便	150	4.090	1.638	0.134

由表 5 – 18 可知，调查样本中不方便外出打工的农户对国家粮食直接补贴政策实施的满意度均值为 5.120，方便外出打工的农户对国家粮食直接补贴政策实施的满意度均值为 4.090。这说明不方便外出打工的农户对国家粮食直接补贴政策实施的满意度高于方便外出打工的农户，但两者之间是否确实存在显著差异，则应通过独立样本的 T 检验进行进一步分析，结果见表 5 – 19。

表 5 – 19 外出打工便利性的独立样本检验

		方差方程的 Levene 检验		均值方程的 T 检验				
		F	Sig.	T	df	Sig.（双侧）	均值差值	标准误差值
您对粮食直接补贴政策实施的满意度	假设方差相等	0.667	0.414	6.740	535	0.000	1.035	0.154
	假设方差不相等			6.633	262.595	0.000	1.035	0.156

由表 5 – 19 可知，方差方程的 Levene 检验得到的 F 统计量相对应的显著性 Sig. 值 = 0.414 > 0.05，故接受方差是相等的零假

设，可以得出两组数据的方差并无显著差异，因此应当选择方差为相等时得到的 T 检验结果，此时的 T 统计量的值达到 6.740，对应的方差相等时的显著性水平 Sig.（双侧）值 = 0.000 < 0.05，从而拒绝原假设，说明外出打工的便利程度对国家实施粮食直接补贴政策的满意度存在显著影响。

（六）有无种植非粮食经济作物的满意度差异

首先对有无种植非粮食经济作物的农户满意度水平分别做组内统计，得到的结果见表 5 - 20。

表 5 - 20　有无种植非粮食经济作物组统计量

	有无种植非粮食经济作物	N	均值	标准差	均值的标准误
您对粮食直接补贴政策实施的满意度	否	486	4.850	1.656	0.075
	是	51	4.650	1.718	0.241

由表 5 - 20 可知，调查样本中没有种植非粮食经济作物的农户对国家粮食直接补贴政策实施的满意度均值为 4.850，种植了非粮食经济作物的农户对国家粮食直接补贴政策实施的满意度均值为 4.650。这说明没有种植非粮食经济作物的农户对国家粮食直接补贴政策实施的满意度高于种植了非粮食经济作物的农户，但两者之间是否存在显著差异，则应通过独立样本的 T 检验进行进一步分析，结果见表 5 - 21。

表 5 - 21　有无种植非粮食经济作物的独立样本检验

		方差方程的 Levene 检验		均值方程的 T 检验			
		F	Sig.	T	df	Sig.（双侧）	均值差值	标准误差值

续表

		方差方程的 Levene 检验		均值方程的 T 检验				
您对粮食 直接补贴 政策实施 的满意度	假设方 差相等	0.175	0.676	0.837	535	0.403	0.205	0.245
	假设方差 不相等			0.812	60.156	0.420	0.205	0.252

由表 5 – 21 可知，方差方程的 Levene 检验得到的 F 统计量相对应的显著性 Sig. 值 = 0.676 > 0.05，故接受方差是相等的零假设，可以得出两组数据的方差并无显著差异，因此应当选择方差为相等时得到的 T 检验结果，此时的 T 统计量值达到 0.837，对应的方差相等时的显著性水平的 Sig. （双侧）值 = 0.403 > 0.05，从而接受原假设，说明有无种植非粮食经济作物对粮食直接补贴政策实施的满意度无显著差异。

（七） 易受灾程度的满意度差异

首先对易受灾程度的满意度水平分别做组内统计，得到的结果见表 5 – 22。

表 5 – 22　易受灾程度组统计量

	是否容易遭受 旱涝等自然灾害	N	均值	标准差	均值的 标准误
您对粮食 直接补贴 政策实施 的满意度	否	366	4.450	1.622	0.085
	是	171	5.640	1.441	0.110

由表 5 – 22 可知，调查样本中不容易遭受旱涝等自然灾害的种粮农户对国家粮食直接补贴政策实施的满意度均值为 4.450，容易遭受旱涝等自然灾害的种粮农户对国家粮食直接补贴政策实施的满意度均值为 5.640。这说明容易遭受旱涝等自然灾害的种

粮农户对国家粮食直接补贴政策实施的满意度高于不容易遭受旱涝等自然灾害的种粮农户,但两者之间是否存在显著差异,则应通过独立样本的 T 检验进行进一步分析,其结果见表 5 - 23。

表 5 - 23　易受灾程度的独立样本检验

		方差方程的 Levene 检验		均值方程的 T 检验				
		F	Sig.	T	df	Sig.（双侧）	均值差值	标准误差值
您对粮食直接补贴政策实施的满意度	假设方差相等	3.879	0.049	-8.196	535	0.000	-1.190	0.145
	假设方差不相等			-8.554	370.348	0.000	-1.190	0.139

由表 5 - 23 可知,方差方程的 Levene 检验得到的 F 统计量相对应的显著性 Sig. 值 = 0.049 < 0.05,故拒绝接受方差是相等的零假设,可以得出两组数据的方差是存在显著差异的,因此应当选择方差为不相等时得到的 T 检验结果,此时的 T 统计量数值达到 -8.554,相应的显著性水平的 Sig.（双侧）值 = 0.000 < 0.05,从而拒绝了原假设,说明是否容易遭受旱涝等自然灾害对国家实施粮食直接补贴政策的满意度存在显著影响。

（八）对政策了解度的满意度差异

首先对政策不同了解度的满意度水平分别做组内统计,得到的结果可见表 5 - 24。

表 5 - 24　了解度组统计量

了解度	N	均值	标准差	均值的标准误
完全不了解	13	3.310	1.182	0.328
不了解	65	3.290	1.169	0.145
比较不了解	120	4.310	1.581	0.144

续表

	了解度	N	均值	标准差	均值的标准误
您对粮食直接补贴政策实施的满意度	一般	185	4.860	1.535	0.113
	比较了解	101	5.720	1.305	0.130
	了解	50	6.500	0.735	0.104
	完全了解	3	6.000	1.732	1.000

由表 5 - 24 可知，对政策完全不了解的农户对国家粮食直接补贴政策实施的满意度均值为 3.310，对政策不了解的农户对国家粮食直接补贴政策实施的满意度均值为 3.290，对政策比较不了解的农户对国家粮食直接补贴政策实施的满意度均值为 4.310，对政策一般了解的农户对国家粮食直接补贴政策实施的满意度均值为 4.860，对政策比较了解的农户对国家粮食直接补贴政策实施的满意度均值为 5.720，对政策了解的农户对国家粮食直接补贴政策实施的满意度均值为 6.500，对政策完全了解的农户对国家粮食直接补贴政策实施的满意度均值为 6.000。从整体上来说，随着了解度的提升，农户对国家粮食直接补贴政策实施的满意度总体在提高，但各了解度的农户满意度水平差异是否显著，还应通过单因素方差分析进行检验，结果见表 5 - 25。

表 5 - 25　了解度方差分析

组别	变差	df	方差	F	显著性
组间	440.750	6	73.458	37.498	0.000
组内	1038.166	530	1.959		
总数	1478.916	536			

如果只是考虑理想状态下的单一变量影响的原则，那么在整体的满意度变差之中，不同了解度可解释的变差为 440.750，抽样调查导致的变差为 1038.166，两者对应的方差分别为 73.458 和 1.959，它们相除得到的 F 统计量为 37.498，对应的显著性水平为 0.000，小于 0.05，因此拒绝原假设，可以认为不同了解度的农户

满意度水平存在显著的差异。进一步对差异进行两两比较，结果见表5-26，对政策完全了解的农户仅有3人，因此不做两两比较。

表5-26　了解度两两比较结果

（I）了解度	（J）了解度	均值差（I-J）	标准误	显著性	95% 置信区间	
					下限	上限
完全不了解	不了解	0.015	0.425	0.971	-0.82	0.85
	比较不了解	-1.001*	0.409	0.015	-1.8	-0.2
	一般	-1.557*	0.402	0	-2.35	-0.77
	比较了解	-2.415*	0.412	0	-3.23	-1.6
	了解	-3.192*	0.436	0	-4.05	-2.34
不了解	完全不了解	-0.015	0.425	0.971	-0.85	0.82
	比较不了解	-1.016*	0.216	0	-1.44	-0.59
	一般	-1.573*	0.202	0	-1.97	-1.18
	比较了解	-2.430*	0.223	0	-2.87	-1.99
	了解	-3.208*	0.263	0	-3.72	-2.69
比较不了解	完全不了解	1.001*	0.409	0.015	0.2	1.8
	不了解	1.016*	0.216	0	0.59	1.44
	一般	-0.557*	0.164	0.001	-0.88	-0.23
	比较了解	-1.414*	0.189	0	-1.79	-1.04
	了解	-2.192*	0.236	0	-2.65	-1.73
一般	完全不了解	1.557*	0.402	0	0.77	2.35
	不了解	1.573*	0.202	0	1.18	1.97
	比较不了解	0.557*	0.164	0.001	0.23	0.88
	比较了解	-0.858*	0.173	0	-1.2	-0.52
	了解	-1.635*	0.223	0	-2.07	-1.2
比较了解	完全不了解	2.415*	0.412	0	1.6	3.23
	不了解	2.430*	0.223	0	1.99	2.87
	比较不了解	1.414*	0.189	0	1.04	1.79
	一般	0.858*	0.173	0	0.52	1.2
	了解	-0.777*	0.242	0.001	-1.25	-0.3

续表

（I）了解度	（J）了解度	均值差（I－J）	标准误	显著性	95% 置信区间	
					下限	上限
了解	完全不了解	3.192*	0.436	0	2.34	4.05
	不了解	3.208*	0.263	0	2.69	3.72
	比较不了解	2.192*	0.236	0	1.73	2.65
	一般	1.635*	0.223	0	1.2	2.07
	比较了解	0.777*	0.242	0.001	0.3	1.25

注：＊表示均值差的显著性水平为 0.05。

由表 5 - 26 可知，对政策完全不了解的农户与对政策不了解的农户对国家粮食直接补贴政策实施的满意度水平不存在显著差异；对政策完全不了解的农户比对政策比较不了解的农户对国家粮食直接补贴政策实施的满意度水平低 1.001，且存在显著差异；对政策完全不了解的农户比对政策一般了解的农户对国家粮食直接补贴政策实施的满意度水平低 1.557，且存在显著差异；对政策完全不了解的农户比对政策比较了解的农户对国家粮食直接补贴政策实施的满意度水平低 2.415，且存在显著差异；对政策完全不了解的农户比对政策了解的农户对国家粮食直接补贴政策实施的满意度水平低 3.192，且存在显著差异。对政策不了解的农户比对政策比较不了解的农户对国家粮食直接补贴政策实施的满意度水平低 1.016，且存在显著差异；对政策不了解的农户比对政策一般了解的农户对国家粮食直接补贴政策实施的满意度水平低 1.573，且存在显著差异；对政策不了解的农户比对政策比较了解的农户对国家粮食直接补贴政策实施的满意度水平低 2.430，且存在显著差异；对政策不了解的农户比对政策了解的农户对国家粮食直接补贴政策实施的满意度水平低 3.208，且存在显著差异。对政策比较不了解的农户比对政策一般了解的农户对国家粮食直接补贴政策实施的满意度水平低 0.557，且存在显著差异；对政策比较不了解的农户比对政策比较了解的农户对国家粮食直接补贴政策实施的满意度水平低 1.414，且存在显著差异；对政策比较不了解的农户比对政策了解的农户对国家粮食直接补贴政策实施的满意度水平低 2.192，且存在显著差异。对政策一般了解的农户比对政策比较了解的农户对国家粮食直接补贴政策实施的满意度水平低 0.858，且存在显著差异；对政策一般了解的农户比对政策了解的农户对国家粮食直接补贴政策实施的满意度水平低 1.635，且存在显著差异。对政策比较了解的农户比对政策了解的农户对国家粮食直接补贴政策实施的满意度水平低 0.777，且存在显著差异。

（九）　目的性了解度的满意度差异

首先对是否了解政府进行粮食直接补贴目的的满意度水平分别做组内统计，得到的结果见表 5-27。

表 5-27　目的性了解度组统计量

	是否了解政府进行粮食直接补贴目的	N	均值	标准差	均值的标准误
您对粮食直接补贴政策实施的满意度	否	151	3.920	1.651	0.134
	是	386	5.190	1.525	0.078

由表 5-27 可知，调查样本中不了解政府进行粮食直接补贴目的的农户对国家粮食直接补贴政策实施的满意度均值为 3.920，了解政府进行粮食直接补贴目的的农户对国家粮食直接补贴政策实施的满意度均值为 5.190，由此可见，对于能够真正了解国家推行此项政策目的的农户来说，其满意度明显比较高。但两者之间是否存在显著差异，则应通过独立样本的 T 检验进行进一步分析，其结果可见表 5-28。

表 5 - 28   目的性了解度的独立样本检验

		方差方程的 Levene 检验		均值方程的 T 检验				
		F	Sig.	T	df	Sig.（双侧）	均值差值	标准误差值
您对粮食直接补贴政策实施的满意度	假设方差相等	2.386	0.123	-8.465	535	0.000	-1.269	0.150
	假设方差不相等			-8.175	255.672	0.000	-1.269	0.155

由表 5 - 28 可知，方差方程的 Levene 检验得到的 F 统计量相对应的显著性 Sig. 值 = 0.123 > 0.05，故接受方差是相等的零假设，可以得出两组数据的方差不存在显著差异，因此应当选择方差相等时得到的 T 检验结果，此时的 T 统计量值达到 -8.465，对应的显著性水平的 Sig.（双侧）值 = 0.000 < 0.05，从而拒绝原假设，这就说明农户对于国家补贴政策实施的满意度与其是否了解国家推行此项政策的初衷是有一定的关系的。

（十）是否开展宣传的满意度差异

首先对政府是否开展粮食直接补贴政策的宣传的满意度水平分别做组内统计，得到的结果见表 5 - 29。

表 5 - 29   是否开展宣传组统计量

	是否开展宣传	N	均值	标准差	均值的标准误
您对粮食直接补贴政策实施的满意度	否	150	4.210	1.578	0.129
	是	387	5.070	1.632	0.083

由表 5 - 29 可知，调查样本中政府没有开展国家粮食直接补贴政策宣传的农户对国家粮食直接补贴政策实施的满意度均值为

4.210，政府开展了国家粮食直接补贴政策宣传的农户对国家粮食直接补贴政策实施的满意度均值为5.070。这说明政府开展了国家粮食直接补贴政策宣传的农户对该政策的满意度高于没有开展国家粮食直接补贴政策宣传的农户，但两者之间是否存在显著差异，则应通过独立样本的T检验进行进一步分析，其结果可见表5－30。

表5－30　是否开展宣传的独立样本检验

		方差方程的Levene 检验		均值方程的 T 检验				
		F	Sig.	T	df	Sig.（双侧）	均值差值	标准误差值
您对粮食直接补贴政策实施的满意度	假设方差相等	0.508	0.476	－5.523	535	0.000	－0.859	0.156
	假设方差不相等			－5.605	279.537	0.000	－0.859	0.153

由表5－30可知，方差方程的Levene检验得到的F统计量相对应的显著性Sig. 值 = 0.476 > 0.05，故接受方差相等的零假设，可以得出两组数据的方差不存在显著差异，因此应当选择方差相等时得到的T检验结果，此时的T统计量值达到 － 5.523，对应的显著性水平的Sig. （双侧）值 = 0.000 < 0.05，从而拒绝原假设，说明政府是否开展粮食直接补贴政策的宣传对粮食直接补贴政策实施的满意度存在显著影响。

（十一）　是否关注公示信息的满意度差异

首先对是否关注过粮食直接补贴有关公示信息的满意度水平分别做组内统计，得到的结果见表5－31。

表 5 - 31　是否关注公示信息组统计量

	是否关注公示信息	N	均值	标准差	均值的标准误
您对粮食直接补贴政策实施的满意度	否	70	4.270	1.801	0.215
	是	467	4.920	1.624	0.075

由表 5 - 31 可知，调查样本中关注过粮食直接补贴有关公示信息的农户对国家粮食直接补贴政策实施的满意度均值为 4.270，没有关注过粮食直接补贴有关公示信息的农户对国家粮食直接补贴政策实施的满意度均值为 4.920。这说明关注过粮食直接补贴有关公示信息的农户对该政策的满意度高于没有关注过粮食直接补贴有关公示信息的农户，但两者之间是否存在显著差异，则应通过独立样本的 T 检验进行进一步分析，其结果可见表 5 - 32。

表 5 - 32　是否关注公示信息的独立样本检验

		方差方程的 Levene 检验		均值方程的 T 检验				
		F	Sig.	T	df	Sig.（双侧）	均值差值	标准误差值
您对粮食直接补贴政策实施的满意度	假设方差相等	2.684	0.102	- 3.053	535	0.002	- 0.645	0.211
	假设方差不相等			- 2.829	86.662	0.006	- 0.645	0.228

由表 5 - 32 可知，方差方程的 Levene 检验得到的 F 统计量相对应的显著性 Sig. 值 = 0.102 > 0.05，故接受方差相等的零假设，可以得出两组数据的方差不存在显著差异，因此应当选择方差相等时得到的 T 检验结果，此时的 T 统计量值达到 - 3.053，对应的显著性水平的 Sig.（双侧）值 = 0.002 < 0.05，从而拒绝原假设，说明是否关注过粮食直接补贴有关公示信息对粮食直接补贴

政策实施的满意度存在显著影响。

（十二）是否及时到账落实的满意度差异

首先对补贴资金在时间上是否及时到账落实的满意度水平分别做组内统计，得到的结果见表 5 – 33。

表 5 – 33　是否及时到账落实组统计量

	是否及时到账落实	N	均值	标准差	均值的标准误
您对粮食直接补贴政策实施的满意度	否	120	3.300	1.370	0.125
	是	417	5.270	1.465	0.072

由表 5 – 33 可知，调查样本中认为补贴资金在时间上能够及时到账落实的农户对国家粮食直接补贴政策实施的满意度均值为5.270，认为补贴资金在时间上不能够及时到账落实的农户对国家粮食直接补贴政策实施的满意度均值为 3.300。这说明认为补贴资金在时间上能够及时到账落实的农户对该政策的满意度高于认为补贴资金在时间上不能够及时到账落实的农户，但两者之间是否存在显著差异，则应通过独立样本的 T 检验进行进一步分析，其结果可见表 5 – 34。

表 5 – 34　是否及时到账落实的独立样本检验

		方差方程的 Levene 检验		均值方程的 T 检验				
		F	Sig.	T	df	Sig.（双侧）	均值差值	标准误差值
您对粮食直接补贴政策实施的满意度	假设方差相等	1.115	0.292	– 13.189	535	0.000	– 1.973	0.150
	假设方差不相等			– 13.690	203.948	0.000	– 1.973	0.144

由表 5 – 34 可知，方差方程的 Levene 检验得到的 F 统计量相对应的显著性 Sig. 值 = 0. 292 > 0. 05，故接受方差相等的零假设，可以得出两组数据的方差不存在显著差异，因此应当选择方差相等时得到的 T 检验结果，此时的 T 统计量值达到 – 13. 189，对应的显著性水平的 Sig. （双侧）值 = 0. 000 < 0. 05，从而拒绝原假设，说明补贴资金在时间上是否及时到账落实对粮食直接补贴政策实施的满意度存在显著影响。

（十三）补助金额与满意度的相关性分析

本小节运用泊松相关性分析粮食直接补贴资金的数额与满意度的相关性，两变量的描述性统计量见表 5 – 35。

表 5 – 35　描述性统计量

变量	均值	标准差	N
您对粮食直接补贴政策实施的满意度	4. 830	1. 661	537
您去年共获得粮食直补资金	543. 280	704. 400	537

由表 5 – 35 可知，农户对粮食直接补贴政策实施的满意度的均值为 4. 830，标准差为 1. 661；农户去年共获得粮食直补资金的均值为 543. 280，标准差为 704. 400。两者的相关性分析结果可见表 5 – 36。

表 5 – 36　相关性分析结果

变量		您对粮食直接补贴政策实施的满意度	您去年共获得粮食直补资金
您对粮食直接补贴政策实施的满意度	Pearson 相关性	1	0. 160 **
	显著性 （双侧）		0
	N	537	537
您去年共获得粮食直补资金	Pearson 相关性	0. 160 **	1
	显著性 （双侧）	0	
	N	537	537

注：＊＊表示在 0.01 水平（双侧）上显著相关。

由表 5 - 36 可知，农户去年共获得粮食直接补贴资金的数额与农户对粮食直接补贴政策实施的满意度的泊松相关性为 0. 160，显著性水平在 0. 01 （双侧）上显著相关。

通过本小节的分析可知，性别和除种粮外是否拥有一技之长对农户对国家粮食直接补贴政策实施的满意度在 0. 05 的显著性水平下不存在差异，有无种植非粮食经济作物对农户对国家粮食直接补贴政策实施的满意度不存在差异；年龄段、学历、外出打工是否方便、是否容易遭受旱涝等自然灾害、对政策的了解度、是否了解粮食直接补贴政策的目的、是否开展宣传、是否关注过公示信息、是否及时到账落实对农户对国家粮食直接补贴政策实施的满意度在 0. 05 的显著性水平下存在显著差异；粮食直接补贴资金的数额与满意度呈显著正相关性。

六　政策满意度的影响因素分析

本小节对农户对粮食直接补贴政策的满意度的影响因素进行分析，被解释变量为农户对国家粮食直接补贴政策实施的满意度，解释变量共 13 个，分别为性别、年龄段、学历、除种粮外是否有一技之长、外出打工是否方便、种粮收入占家庭总收入的百分比、家庭的粮食种植总面积、有无种植非粮食经济作物、是否容易遭受旱涝等自然灾害、对国家粮食直接补贴政策实施的了解度、是否了解政府进行粮食直接补贴政策的目的、政府是否对粮食直接补贴政策开展宣传、是否注意过粮食直接补贴有关的公示信息，方法采用多元有序 Logit 回归模型，软件使用 SPSS 19. 0。

采用 Logit 作为连接函数，进行平行线检验得到的结果见表 5 - 37。

表 5 - 37　平行线检验

模型	- 2 对数似然值	卡方	df	Sig.
零假设	1220. 516			

续表

模型	−2 对数似然值	卡方	df	Sig.
广义	1147.731	72.785	88	0.879

由表 5 – 37 可知，显著性水平 Sig. 值大于 0.05，表明模型通过了平行线检验。模型的拟合信息见表 5 – 38。

表 5 – 38　模型拟合信息

模型	−2 对数似然值	卡方	df	Sig.
仅截距	1894.639			
最终	1220.516	674.123	22	0

由表 5 – 38 可知，卡方值的显著性水平 Sig. 值小于 0.05，表明模型的拟合优度的效果较好。多元有序 Logit 回归模型的回归结果见表 5 – 39。

表 5 – 39　多元有序 Logit 回归模型的回归结果

变量	估计	标准误	Wald	df	显著性	95% 置信区间 下限	上限
[@19.4 满意度 5 = 2]	2.169	1.935	1.257	1	0.262	−1.623	5.961
[@19.4 满意度 5 = 3]	3.844	1.936	3.942	1	0.047	0.050	7.639
[@19.4 满意度 5 = 4]	5.652	1.944	8.448	1	0.004	1.841	9.463
[@19.4 满意度 5 = 5]	7.500	1.956	14.706	1	0.000	3.667	11.333
[@19.4 满意度 5 = 6]	9.220	1.970	21.910	1	0.000	5.359	13.080
@8 种粮收入占比	1.705	0.325	27.573	1	0.000	1.069	2.341
@9 粮食种植面积	0.454	0.040	127.086	1	0.000	0.375	0.533
[@2 性别 =0]	0.241	0.209	1.319	1	0.251	−0.170	0.651
[@2 性别 =1]	0			0			
[@3.1 年龄段 =1]	−0.318	0.473	0.453	1	0.501	−1.246	0.609
[@3.1 年龄段 =2]	−0.733	0.319	5.276	1	0.022	−1.358	−0.108
[@3.1 年龄段 =3]	−0.282	0.318	0.788	1	0.375	−0.906	0.341

变量	估计	标准误	Wald	df	显著性	95% 置信区间	
						下限	上限
[@3.1 年龄段 = 4]	0			0			
[@4 您的学历 = 1]	5.224	1.392	14.081	1	0.000	2.495	7.953
[@4 您的学历 = 2]	4.176	1.384	9.107	1	0.003	1.464	6.888
[@4 您的学历 = 3]	2.637	1.362	3.747	1	0.053	-0.033	5.307
[@4 您的学历 = 4]	0			0			
[@5 是否有一技之长 = 0]	1.274	0.280	20.680	1	0.000	0.725	1.823
[@5 是否有一技之长 = 1]	0			0			
[@6 外出打工是否方便 = 0]	2.066	0.212	95.053	1	0.000	1.650	2.481
[@6 外出打工是否方便 = 1]	0			0			
[@10 经济作物 = 0]	1.196	0.303	15.560	1	0.000	0.602	1.790
[@10 经济作物 = 1]	0			0			
[@11 自然灾害 = 0]	-2.440	0.218	125.503	1	0.000	-2.867	-2.013
[@11 自然灾害 = 1]	0			0			
[@12 了解度 = 1]	-3.600	1.413	6.490	1	0.011	-6.369	-0.830
[@12 了解度 = 2]	-3.730	1.308	8.132	1	0.004	-6.293	-1.166
[@12 了解度 = 3]	-2.163	1.288	2.820	1	0.093	-4.687	0.361
[@12 了解度 = 4]	-1.410	1.283	1.208	1	0.272	-3.924	1.104
[@12 了解度 = 5]	-0.282	1.288	0.048	1	0.827	-2.806	2.242
[@12 了解度 = 6]	0.512	1.322	0.150	1	0.698	-2.078	3.102
[@12 了解度 = 7]	0			0			
[@14 粮食直补政策的目的 = 0]	-2.425	0.219	122.524	1	0.000	-2.854	-1.995
[@14 粮食直补政策的目的 = 1]	0			0			
[@16 粮食直补宣传 = 0]	-1.660	0.206	65.052	1	0.000	-2.063	-1.256

变量	估计	标准误	Wald	df	显著性	95% 置信区间	
						下限	上限
［@16 粮食直补宣传 =1］	0			0			
［@18 注意公示信息 =0］	−1.318	0.265	24.793	1	0.000	−1.837	−0.799
［@18 注意公示信息 =1］	0			0			

注：为便于进行回归，本表中为对应变量的简称，同于不易引起歧义，不再对其一一说明。

由表 5 – 39 可知，种粮收入占家庭总收入的百分比对粮食直接补贴政策的满意度存在显著正向影响，即种粮收入占比越高的农户满意度越高，种粮收入占比越高的农户对种粮收入的依赖性越高，对种粮带来的收入变化越敏感，粮食直接补贴政策对这部分农户的影响越大，其满意度水平越高。

粮食种植面积对国家粮食直接补贴政策实施的满意度存在显著正向影响，即粮食种植面积越多的农户满意度越高，粮食种植面积越多，能够获得的粮食补贴收入就越多，受良种补贴、农资综合补贴、农机具购置补贴带来的收入就越多，因此其满意度水平越高。

不同性别对国家粮食直接补贴政策实施的满意度水平不存在显著影响。

36～50 岁年龄段的农户与 65 岁以上年龄段的农户相比满意度水平显著降低，21～35 岁年龄段的农户与 65 岁以上年龄段的农户相比满意度水平不存在显著差异，51～65 岁年龄段的农户与 65 岁以上年龄段的农户相比满意度水平不存在显著差异。

学历水平为小学及以下农户比学历水平为大专及以上农户的满意度水平显著提高，学历水平为初中的农户比学历水平为大专及以上农户的满意度水平显著提高，学历水平为高中、中专的农户比学历水平为大专及以上农户的满意度水平不存在显著差异，综上可知农户学历水平越低则满意度水平越高。学历水平低的农户工作可选择的余地较少，对种粮收入的依赖性较高，因此对粮食补贴政策的满意度水平较高。

除种粮外没有一技之长的农户相比有一技之长的农户满意度水平显著提高，除种粮外没有一技之长的农户，家庭收入主要靠种粮，而有一技之长的农户在种粮收入外，还可以通过技能赚取收入，有些农户通过技能赚得的收入可能远高于种粮收入，因此这部分农户对国家粮食直接补贴政策实施的满意度水平较低。

外出打工不方便的农户相比外出打工方便的农户满意度水平显著提高，外出打工不方便的农户，主要靠种粮带来家庭收入，而外出打工方便的农户，还可以通过外出打工赚取收入，有些农户通过外出打工赚得的收入可能远高于种粮收入，因此外出打工不方便的农户对国家粮食直接补贴政策实施的满意度水平较高。

没有种植非粮食经济作物的农户相比种植了非粮食经济作物的农户满意度水平显著提高，没有种植非粮食经济作物的农户，对种粮带来的收入更加关注和敏感，种粮补贴对这部分农户的影响更大，因此没有种植非粮食经济作物的农户对国家粮食直接补贴政策实施的满意度水平较高。

不容易遭受旱涝等自然灾害的农户相比容易遭受旱涝等自然灾害的农户满意度水平显著降低，容易遭受旱涝等自然灾害的农户，种植粮食的风险较大，更多地会选择采用良种进行种植，在农资方面的投入也较大，受粮食直接补贴政策的益处也较多，因此容易遭受旱涝等自然灾害的农户对国家粮食直接补贴政策实施的满意度水平较高。

对粮食直接补贴政策完全不了解的农户相比对政策完全了解的农户满意度水平显著降低，对粮食直接补贴政策不了解的农户相比对政策完全了解的农户满意度水平显著降低，对粮食直接补贴政策比较不了解、一般、比较了解、了解的农户相比对政策完全了解的农户满意度水平不存在显著差异。从整体上来说，对粮食直接补贴政策的了解度越低。因为对政策的满意度水平越低，对政策的了解度低，就不知道各项补贴的标准和获得的补助收入，甚至不了解开展这项政策的目的，所以完全不了解该项政策目的的群众对于政策的满意度水平比较低。

不了解政府进行粮食直接补贴政策目的的农户相比了解政府进行粮食直接补贴政策目的的农户满意度水平显著降低，不了解政府进行粮食直接补贴政策目的的农户，不清楚政府为何要开展该项政策，有小部分农户可能觉得该项政策可有可无，因此不了解政府进行粮食直接补贴政策目的的农户对国家粮食直接补贴政策实施的满意度水平较低。

政府没有对粮食直接补贴政策开展宣传的农户相比开展了粮食直接补贴政策宣传的农户满意度水平显著降低，没有开展粮食直接补贴政策宣传的农户对政策的了解度比较低，因此没有开展粮食直接补贴政策宣传的农户对粮食直接补贴政策的满意度水平较低。

没有注意过粮食直接补贴政策有关公示信息的农户相比注意过有关公示信息的农户满意度水平显著降低，没有注意过粮食直接补贴政策有关公示信息的农户，一方面对该项政策不关心，另一方面对该项政策的公信力可能存在一定程度的质疑，因此没有注意过粮食直接补贴政策有关公示信息的农户对国家粮食直接补贴政策实施的满意度水平较低。

七 本章小结

本章我们分析了粮食直接补贴政策的农户满意度及其影响因素，对陕西省 6 个县的 600 户农户开展问卷调查，共收回有效问卷 537 份，并运用多元有序 Logit 回归模型对粮食直接补贴政策的农户满意度影响因素进行了分析。农户对粮食直接补贴政策的满意度较高，对政策一般满意、比较满意、满意、非常满意的农户有 409 户，占总样本数的 76.16%。在满意度的影响因素方面，农户的性别对满意度水平不存在显著影响；种粮收入占家庭总收入的百分比和粮食种植面积对满意度水平存在显著正向影响；年龄段对满意度水平存在正向影响，年龄越大对政策的满意度水平越高；学历对满意度水平存在负向影响，学历越高满意度水平越低；除种粮外拥有一技之长的农户满意度水平较低；外出打工不方便的农户满意度水平较高；没有种植非粮食经济作物的农户满意度水平较高；容易遭受自然灾害的农户满意度水平较高；了解度对满意度水平存在正向影响，了解度越高满意度水平越高；了解政府进行粮食直接补贴政策的目的的农户满意度水平较高；政府对粮食直接补贴政策开展宣传的农户满意度水平较高；注意过粮食直接补贴有关公示信息的农户满意度水平较高。

▶ 第六章
陕西省粮食直接补贴政策的
粮食安全效应

国家实施粮食直接补贴政策的目的之一是提升粮食安全水平，本章对国家粮食直接补贴政策实施的粮食安全效应开展研究，分别从粮食数量安全效应、粮食质量安全效应以及对农户决策和行为的影响三个方面进行探讨，采用统计数据和微观调研数据相结合的方式论证分析。统计数据来源为 2011～2015 年的《中国统计年鉴》，样本选择绩效水平较高的黑龙江、河南、山东，绩效水平中等的甘肃、陕西，绩效水平较低的山西、上海。重点研究陕西省的粮食安全效应，其他省份作为陕西省的参照。微观调研数据采用 2015 年对陕西省 6 个县的 60 个村组织开展的实地调查，共发放问卷 600 份，收回问卷共计 586 份，删除回答不完整问卷，共获得有效的问卷 537 份。

一　粮食安全概念界定

臧文如（2012）运用宏观经济数据和实地调查得到的数据，采用灰色关联分析方法，对我国粮食直补政策的粮食数量安全效应开展研究。魏君英和何蒲明（2013）运用 13 个粮食主产区的面板固定效应模型，对粮食播种面积受到的影响因素进行了实证分析，结果发现，粮食直接补贴对粮食种植面积的影响要小于粮食作物的影响。胡岳岷和刘元胜（2013）把粮食安全分为生态安全、品质安全、数量安全、健康安全4个维度。吴连翠和谭俊美（2013）建立了农户的生产决策模型，研究结果表明，农户的粮食生产受到种植决策和投资决策的影响，而种植决策和投资决策又受到粮食补贴政策的影响，粮食补贴政策能显著增加粮食产量。综合相关学者有关对粮食安全概念的界定，本书从粮食数量安全效应、粮食质量安全效应以及对农户决策和行为的影响三个方面探讨粮食安全效应。粮食数量安全效应从粮食总产量、粮食种植面积和粮食单位面积产量等方面进行分析；粮食质量安全效应从农户粮食种植的良种采用情况和农户粮食种植要素投入的改善（包括化肥施用量和农业机械总动力）等方面进行分析；农户决策和行为从农户粮食种植决策（包括是否愿意增加种植面积、是否愿意投入更多的生产资料、是否愿意购置农机进行粮食生产）和农户粮食种植行为（包括是否愿意减少外出打工时间、是否愿意在粮食生产上投入更多的劳动力、是否愿意花更多的时间在粮食生产上）等方面进行分析。

二　粮食直接补贴政策的粮食数量安全效应

本节从粮食数量安全效应的角度分析国家粮食直接补贴政策实施的安全效应，主要从粮食总产量、谷物类粮食总产量、粮食种植面积、谷物类粮食单位面积的产量等方面进行分析。

（一）粮食总产量不断提升

对陕西、山西、黑龙江、上海、山东、河南、甘肃和全国2000~2014年的粮食总产量进行汇总，如表6-1所示。

表 6 - 1　粮食总产量

单位：万吨

年份	全国	陕西	山西	黑龙江	上海	山东	河南	甘肃
2000	46217.5	1089.1	853.4	2545.5	174.0	3837.7	4101.5	713.5
2001	45263.7	976.6	692.1	2651.7	151.4	3720.6	4119.9	753.2
2002	45705.8	1005.6	925.5	2941.2	130.5	3292.7	4210.0	782.7
2003	43069.5	968.4	958.9	2512.3	98.8	3435.5	3569.5	789.3
2004	46946.9	1040.0	1062.0	3001.0	106.3	3516.7	4260.0	805.8
2005	48402.2	1043.0	978.0	3092.0	105.4	3917.4	4582.0	836.9
2006	49804.2	1087.0	1073.3	3346.4	111.3	4048.8	5010.0	808.1
2007	50160.3	1067.9	1007.1	3462.9	109.2	4148.8	5245.2	824.0
2008	52870.9	1111.0	1028.0	4225.0	115.7	4260.5	5365.5	888.5
2009	53082.1	1131.4	942.0	4353.0	121.2	4316.3	5389.0	906.2
2010	54647.7	1164.9	1085.1	5012.8	118.4	4335.7	5437.1	958.3
2011	57120.8	1194.7	1193.0	5570.6	122.0	4426.3	5542.5	1014.6
2012	58958.0	1245.1	1274.1	5761.5	122.4	4511.4	5638.6	1109.7
2013	60193.8	1215.8	1312.8	6004.1	114.2	4528.2	5713.7	1138.9
2014	60702.6	1197.8	1330.8	6242.2	112.5	4596.6	5772.3	1158.7

　　由表 6 - 1 可知，在实行粮食财政直接补贴政策之前，粮食总产量总体呈下降趋势。全国粮食的总产量从 2000 年的 46217.5 万吨下降至 2003 年的 43069.5 万吨；陕西省粮食的总产量从 2000 年的 1089.1 万吨下降至 2003 年的 968.4 万吨。实行粮食直补政策之后，粮食总产量开始稳步提升。2003 年之后粮食总产量出现较大回升，全国 2014 年实现粮食总产量 60702.6 万吨，相比 2003 年增长了 40.94%。陕西省到 2014 年粮食总产量达到 1197.8 万吨，相比 2003 年实现了 23.69% 的增长。总之，国家实行粮食财政直接补贴政策之后，粮食总产量有了明显增长。

　　从陕西、山西、黑龙江、上海、山东、河南、甘肃 7 个省（市）的横向比较来看，2000～2011 年，陕西省粮食总产量除 2004 年外在 7 个省（市）的排名中位列第四。2004 年、2012～2014 年陕西省粮食总产量在 7 个省（市）的排名中位列第五。从粮食总产量的增长率来看（结合相关计算），陕西的粮食产量增长率在 7 个省（市）的排名中位列第六。具体见图 6-1。

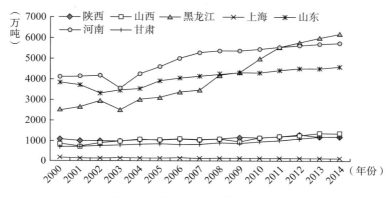

图 6-1　各省（市）粮食总产量

下面对陕西、山西、黑龙江、上海、山东、河南、甘肃和全国 2000～2014 年的谷物类粮食总产量进行汇总，如表 6-2 所示。

表 6-2　谷物类粮食总产量

单位：万吨

年份	全国	陕西	山西	黑龙江	上海	山东	河南	甘肃
2000	40522.4	962.0	703.0	1974.1	170.5	3467.3	3669.7	570.8
2001	39648.2	865.9	602.1	1989.1	148.0	3323.1	3724.7	568.4
2002	39798.7	887.4	776.3	2195.5	126.5	2994.4	3827.7	602.5
2003	37428.7	863.3	807.1	1792.0	96.0	3075.4	3355.3	600.3
2004	41157.2	918.0	935.7	2202.5	102.8	3194.6	3938.0	597.0
2005	42776.0	963.9	882.1	2324.7	101.3	3650.1	4277.5	605.4
2006	45099.2	958.9	971.4	2612.6	107.2	3774.0	4737.2	580.6
2007	45632.4	947.6	916.5	2971.5	106.8	3929.8	5023.4	582.2
2008	47847.4	979.0	948.3	3501.5	113.8	4039.6	5126.3	637.1
2009	48156.3	1012.9	895.8	3641.7	119.5	4088.1	5159.9	681.0
2010	49637.1	1042.1	1035.2	4284.8	116.3	4105.3	5207.1	737.7
2011	51939.4	1069.8	1138.4	4858.2	119.6	4194.9	5308.1	750.9
2012	53934.7	1119.5	1214.7	5147.9	120.1	4285.8	5431.4	837.1

年份	全国	陕西	山西	黑龙江	上海	山东	河南	甘肃
2013	55269.2	1096.3	1246.0	5495.9	112.3	4297.1	5522.7	856.4
2014	55740.7	1079.8	1260.3	5665.5	110.5	4361.5	5604.6	887.6

由表 6-2 可知，在实行粮食财政直接补贴政策之前，谷物类粮食总产量总体呈下降趋势。全国谷物类粮食总产量由 2000 年的 40522.4 万吨到 2003 年下降至 37428.7 万吨。陕西省的谷物类粮食总产量由 2000 年的 962.0 万吨下降到 2003 年的 863.3 万吨。实行粮食直补政策之后，谷物类粮食总产量开始稳步提升。2003 年之后谷物类粮食总产量出现较大回升，到 2014 年全国实现谷物类粮食总产量 55740.7 万吨，相比 2003 年增长了 48.93%。陕西省 2004 年起谷物类粮食总产量有所回升，到 2014 年实现谷物类粮食总产量 1079.8 万吨，相比 2003 年增长了 25.08%。总之，实行粮食财政直接补贴政策之后，谷物类粮食总产量有了明显增长。

从陕西、山西、黑龙江、上海、山东、河南、甘肃 7 个省（市）的横向比较来看，2000~2003 年、2005 年、2007~2010 年，陕西省的谷物类粮食总产量在 7 个省（市）的排名中位列第四，其余年份位列第五。从谷物类粮食总产量的增长率来看（结合相关计算），陕西省在 7 个省（市）中排名第六位。具体见图 6-2。

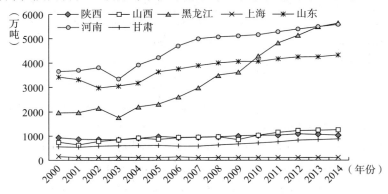

图 6-2　各省（市）谷物类粮食总产量

总之，实行粮食财政直接补贴的政策后，粮食总产量和谷物类粮食总产量都有大幅提升。

（二）粮食种植面积扩大

对陕西、山西、黑龙江、上海、山东、河南、甘肃和全国2000～2014年的粮食作物播种面积进行汇总，如表6-3所示。

表6-3 粮食作物播种面积

单位：千公顷

年份	全国	陕西	山西	黑龙江	上海	山东	河南	甘肃
2000	108462.5	3821.5	3186.5	7852.5	258.8	7363.2	9029.6	2798.2
2001	106080.0	3517.6	2877.1	8534.0	211.2	7153.5	8822.8	2690.6
2002	103890.8	3397.2	3011.0	8291.2	187.7	6912.6	8975.1	2628.8
2003	99410.4	3122.8	2833.6	8114.7	148.3	6415.4	8923.3	2499.5
2004	101606.0	3134.1	2925.4	8458.0	154.7	6176.3	8970.1	2534.6
2005	104278.4	3263.9	3033.6	8650.8	166.1	6711.7	9153.4	2587.2
2006	104958.0	3295.0	3121.9	9023.7	165.5	6797.5	9303.1	2598.9
2007	105638.4	3099.8	3028.2	10820.5	169.6	6936.5	9468.0	2687.0
2008	106792.6	3126.0	3111.3	10988.9	174.5	6955.6	9600.0	2683.0
2009	108985.7	3134.0	3146.7	11391.0	193.3	7030.1	9683.6	2740.0
2010	109876.1	3159.7	3239.2	11454.7	179.2	7084.8	9740.2	2799.8
2011	110573.0	3134.9	3287.9	11502.9	186.3	7145.8	9859.9	2833.7
2012	111204.6	3127.5	3291.5	11519.6	187.6	7202.3	9985.2	2839.4
2013	111956.0	3105.1	3274.3	11564.4	168.5	7294.6	10081.8	2858.7
2014	112723.0	3076.5	3286.4	11696.4	164.9	7440.0	10209.8	2842.5

由表6-3可知，在实行粮食财政直接补贴政策之前，粮食作物播种面积总体呈下降趋势，全国粮食作物播种面积由2000年的108462500公顷下降到2003年的99410400公顷，下降了8.35%。陕西省的粮食作物播种面积由2000年的3821500公顷下降到2003年的3122800公顷，下降了18.28%。实行粮食直补政

策之后，粮食作物的播种面积开始稳步回升。2003 年之后粮食作物播种面积出现回升，到 2014 年全国粮食作物播种面积达到 112723000 公顷，相比 2003 年增长了 13.39%。陕西省自 2004 年起粮食作物的播种面积扭转了下跌趋势，到 2014 年粮食作物的播种面积达到 3076500 公顷，保持了粮食种植面积不出现较大下跌的局面。总之，实行粮食财政直接补贴政策以来，从全国来看粮食作物播种面积有了明显增长。

从陕西、山西、黑龙江、上海、山东、河南、甘肃 7 个省（市）的横向比较来看，2000～2008 年陕西省的粮食作物播种面积在 7 个省（市）中排名第四位，2009～2014 年为第五位。具体见图 6-3。

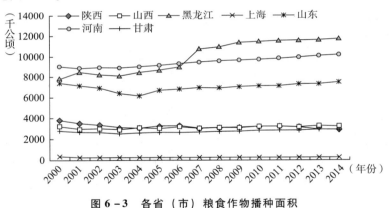

图 6-3　各省（市）粮食作物播种面积

（三）谷物类粮食单位面积产量提高

对陕西、山西、黑龙江、上海、山东、河南、甘肃和全国2000～2014 年的谷物类粮食单位面积产量进行汇总，如表 6-4 所示。

表 6-4　谷物类粮食单位面积产量

单位：公斤/公顷

年份	全国	陕西	山西	黑龙江	上海	山东	河南	甘肃
2000	4752.6	3190.0	3021.0	4613.0	6834.0	5387.0	4739.0	2693.0

续表

年份	全国	陕西	山西	黑龙江	上海	山东	河南	甘肃
2001	4800.3	3095.0	2806.0	4512.0	7320.0	5268.0	4907.0	2905.0
2002	4885.3	3301.0	3496.0	4916.0	7044.0	4864.0	4910.0	3155.0
2003	4872.9	3540.4	3817.9	4634.0	6895.5	5403.2	4279.2	3387.3
2004	5186.8	3727.0	4222.0	5247.0	7090.0	5704.0	4981.0	3409.0
2005	5224.6	3754.0	3780.0	5384.0	6503.0	5908.0	5285.0	3343.0
2006	5310.0	3709.0	4009.0	5377.0	6929.0	6010.0	5703.0	3215.0
2007	5319.9	3668.0	3751.0	4567.0	6717.0	6019.0	5799.0	3241.0
2008	5547.7	3776.0	3709.0	5454.0	6874.0	6163.0	5865.0	3544.0
2009	5447.5	3898.0	3423.0	5305.0	6506.0	6175.0	5838.0	3605.0
2010	5524.4	3992.0	3813.0	5744.0	6739.0	6154.0	5837.0	3772.0
2011	5706.6	4142.0	4103.0	6176.0	6680.0	6225.0	5862.0	3837.0
2012	5823.7	4327.0	4374.1	6049.1	6646.4	6308.4	5934.2	4264.1
2013	5894.2	4286.0	4509.0	6248.0	6888.0	6244.0	5954.0	4333.0
2014	5892.0	4226.7	4545.1	6413.7	6972.5	6217.9	5957.0	4474.0

　　由表 6－4 可知，在实行粮食财政直接补贴政策之前，谷物类粮食单位面积产量增长较慢，全国谷物类粮食产量 2000 年仅为 4752.6 公斤/公顷，2003 年达到 4872.9 公斤/公顷，仅增长 2.53%。陕西省的谷物类粮食产量 2000 年为 3190.0 公斤/公顷，2003 年为 3540.4 公斤/公顷，仅增长 10.98%。实行粮食直补政策之后，谷物类粮食单位面积产量开始出现较大增长。2004 年起全国谷物类粮食单位面积的产量出现较大增长，到 2014 年谷物类粮食的产量达到 5892.0 公斤/公顷，相比 2003 年增长了 20.91%。2004 年起陕西省谷物类粮食单位面积的产量出现较大增长，到 2014 年谷物类粮食的产量达到 4226.7 公斤/公顷，相比 2003 年增长了 19.38%。总之，实行粮食财政直接补贴政策以来，谷物类粮食单位面积的产量有了明显增长。

　　从陕西、山西、黑龙江、上海、山东、河南、甘肃 7 个省（市）的横向比较来看，陕西省的谷物类粮食单位面积产量在

2000 年位于第五，2002 年下降到第六位，2008 年陕西省的谷物类粮食单位面积产量有所提高，重新回到第五位，2012 年又下降到第六位，2013 年、2014 年又下降到第七位。从 2003 年至 2014 年谷物类粮食单位面积产量的增长率来看（结合相关计算），陕西省的谷物类粮食单位面积产量增长率在 7 个省（市）中排名第四位。具体见图 6 - 4。

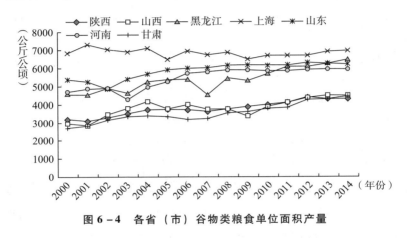

图 6 - 4　各省（市）谷物类粮食单位面积产量

　　综上，实行粮食财政直接补贴政策后，粮食总产量、谷物类粮食总产量、粮食作物播种面积和谷物类粮食单位面积产量都有较大幅度提升，从而说明粮食直补政策提升了粮食数量安全效应。

三　粮食直接补贴政策的粮食质量安全效应

　　本节从粮食质量安全效应的角度分析粮食直接补贴政策的安全效应，主要从良种采用、农用化肥施用量、农业机械总动力等方面进行分析。

（一）农户粮食种植的良种采用

　　实行粮食财政直接补贴政策后，农户粮食种植的良种采用情况数据为陕西省 6 个县的农户调查获得的问卷数据。本小节分析调查陕西省粮食直接补贴政策实施以后农户更多地选择良种进行种植的情况，"1"代表完全不同意，"2"代表不同意，"3"代表较不同意，"4"代表一般，"5"代表比较同意，"6"代表同意，"7"代表完全同意。汇总调查结果见表 6 – 5。

表 6 – 5　农户良种采用情况

选项	频数	百分比	有效百分比	累计百分比
完全不同意	16	3.0	3.0	3.0
不同意	38	7.1	7.1	10.1
较不同意	105	19.6	19.6	29.6
一般	170	31.7	31.7	61.3
比较同意	133	24.8	24.8	86.0
同意	60	11.2	11.2	97.2
完全同意	15	2.8	2.8	100.0
合计	537	100.0	100.0	

由表 6 – 5 可知，对实行粮食直接补贴政策以后农户更多地选择良种进行种植的情况，完全不同意的有 16 人，占总样本数的 3.0%；不同意的有 38 人，占总样本数的 7.1%；较不同意的有 105 人，占总样本数的 19.6%；一般的有 170 人，占总样本数的 31.7%；比较同意的有 133 人，占总样本数的 24.8%；同意的有 60 人，占总样本数的 11.2%；完全同意的有 15 人，占总样本数的 2.8%。完全不同意、不同意、较不同意的共有 159 人，占总样本数的 29.6%；一般、比较同意、同意、完全同意的共有 378 人，占总样本数的 70.4%。可见大多数农户在粮食直补政策实行后，更多地选择了良种进行种植，提高了良种的使用率，促进了粮食质量安全。

（二）农户粮食种植要素投入的改善

本小节我们对粮食种植要素中的农用化肥施用量、农业机械总动力在粮食直补政策实行后带来的变化进行分析。2007 年国家统计局公布的《中国统计年鉴》中农用化肥施用量、农业机械总动力只有全国数据,未公布各省(市)的具体数值,因此陕西、山西、黑龙江、上海、山东、河南、甘肃 2006 年的农用化肥施用量、农业机械总动力数据采用 2005 年和 2007 年的平均数值。

首先对陕西、山西、黑龙江、上海、山东、河南、甘肃以及全国 2000～2014 年的农用化肥施用量进行汇总,如表 6 - 6 所示。

表 6 - 6　农用化肥施用量

单位:万吨

年份	全国	陕西	山西	黑龙江	上海	山东	河南	甘肃
2000	4146.4	131.2	87.0	121.6	19.3	423.2	419.5	64.5
2001	4253.8	131.1	84.9	123.2	20.3	428.6	441.7	66.1
2002	4339.4	131.9	89.0	129.7	17.7	433.9	468.8	69.4
2003	4411.6	142.7	89.9	125.7	15.9	432.7	467.9	69.6
2004	4636.6	143.1	93.4	143.8	15.0	451.0	493.2	72.4
2005	4766.2	147.3	95.7	150.9	14.4	467.6	518.1	75.9
2006	4927.7	153.1	98.3	163.1	14.3	484.0	543.9	78.0
2007	5107.8	158.8	100.8	175.2	14.1	500.3	569.7	80.1
2008	5239.0	165.9	103.4	180.7	14.3	476.3	601.7	81.4
2009	5404.4	181.3	104.3	198.9	12.6	472.9	628.7	82.9
2010	5561.7	196.8	110.4	214.9	11.8	475.3	655.2	85.3
2011	5704.2	207.3	114.6	228.4	12.0	473.6	673.7	87.2
2012	5838.8	239.8	118.3	240.3	11.0	476.3	684.4	92.1
2013	5911.9	241.7	121.0	245.0	10.8	472.7	696.4	94.7
2014	5995.9	230.2	119.6	251.2	10.2	468.1	705.8	97.6

由表 6 - 6 可知,在实行粮食财政直接补贴政策之前,化肥施用量增长比较缓慢,全国化肥施用量 2000 年仅为 4146.4 万吨,2003 年达到 4411.6 万吨,仅增长 6.40%。陕西省的化肥施用量 2000 年为 131.2 万吨,2003 年为 142.7 万吨,仅增长 8.77%。实

行粮食直补政策之后，化肥施用量开始出现较大幅度增长。2004年起全国化肥施用量出现较大增长，到2014年化肥施用量达到5995.9万吨，相比2003年增长了35.91%。2004年起陕西省的化肥施用量出现较大增长，到2014年的化肥施用量达到230.2万吨，相比2003年增长了61.32%。总之，在实行粮食财政直接补贴的政策之后，化肥施用量出现明显增长。

从陕西、山西、黑龙江、上海、山东、河南、甘肃7个省（市）的横向比较来看，2000～2003年陕西省的化肥施用量在7个省（市）中排名第三位，2004～2014年为第四位。从2003年至2014年化肥施用量的增长率来看（结合相关计算），陕西省在7个省（市）中排名第二位。具体见图6－5。

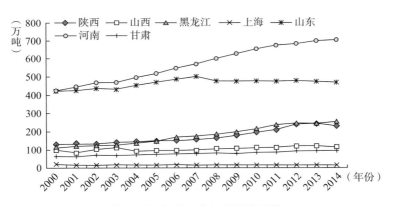

图6－5　各省（市）化肥施用量

其次对陕西、山西、黑龙江、上海、山东、河南、甘肃和全国2000～2014年的农业机械总动力进行汇总，如表6－7所示。

表6－7　农业机械总动力

单位：万千瓦

年份	全国	陕西	山西	黑龙江	上海	山东	河南	甘肃
2000	52573.6	1042.9	1701.3	1613.8	142.5	7025.2	5780.6	1056.9
2001	55172.1	1099.8	1767.5	1648.3	133.9	7689.6	6078.7	1122.0

年份	全国	陕西	山西	黑龙江	上海	山东	河南	甘肃
2002	57929.9	1166.5	1869.4	1741.8	126.9	8155.6	6548.2	1185.3
2003	60386.5	1228.1	1928.2	1807.7	112.6	8336.7	6953.2	1255.4
2004	64027.9	1307.0	2186.5	1952.2	105.2	8751.9	7521.1	1321.3
2005	68397.8	1406.3	2288.7	2234.0	96.5	9199.3	7934.2	1406.9
2006	72522.1	1491.2	2364.8	2509.7	97.1	9558.6	8326.5	1492.1
2007	76589.6	1576.1	2440.8	2785.3	97.7	9917.8	8718.7	1577.3
2008	82190.4	1709.9	2509.9	3018.4	95.3	10350.0	9429.3	1686.3
2009	87496.1	1833.0	2655.0	3401.3	99.2	11080.7	9817.8	1822.7
2010	92780.5	2000.0	2809.2	3736.3	104.1	11629.0	10195.9	1977.6
2011	97734.7	2182.9	2927.3	4097.8	105.7	12098.3	10515.8	2136.5
2012	102559.0	2350.2	3056.1	4552.9	112.7	12419.9	10872.7	2279.1
2013	103906.8	2452.7	3183.3	4849.3	113.2	12739.8	11150.0	2418.5
2014	108056.6	2552.1	3286.2	5155.5	117.8	13101.4	11476.8	2545.7

由表6-7可知，在实行粮食财政直接补贴政策之前，农业机械总动力增长比较缓慢，全国农业机械总动力2000年为52573.6万千瓦，2003年为60386.5万千瓦，仅增长了14.86%。陕西省的农业机械总动力2000年为1042.9万千瓦，2003年为1228.1万千瓦，仅增长了17.76%。实行粮食直补政策之后，农业机械总动力开始出现大幅度的增长。2004年起全国农业机械总动力出现较大增长，到2014年农业机械总动力达到108056.6万千瓦，相比2003年增长了78.94%。2004年起陕西省的农业机械总动力出现较大增长，到2014年农业机械总动力达到2552.1万千瓦，相比2003年增长了107.81%。总之，实行粮食财政直接补贴政策之后，农业机械总动力出现明显增长。

从陕西、山西、黑龙江、上海、山东、河南、甘肃7个省（市）的横向比较来看，2000~2007年陕西省的农业机械总动力在7个省（市）中排名第六位，2008~2014年陕西省的农业机械总动力超过甘肃省位列第五。具体见图 6-6。

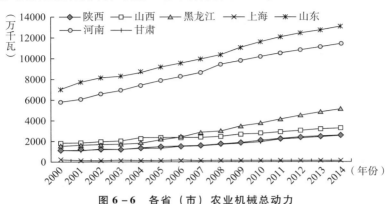

图 6-6　各省（市）农业机械总动力

综上，实行粮食财政直接补贴政策后，良种采用、农用化肥施用量、农业机械总动力都有较大幅度提升，粮食直补政策提升了粮食质量安全效应。

四　粮食直接补贴政策对农户决策和行为影响

本节分析粮食直接补贴政策如何影响农户的粮食种植决策和种植行为，采用陕西省 6 个县的农户调查获得的问卷数据。

（一）粮食直接补贴政策影响农户粮食种植决策

从三个方面分析粮食直接补贴政策影响农户粮食种植决策，分别为愿意增加种植面积、愿意投入更多的生产资料、愿意购置农机进行粮食生产。"1"代表完全不同意，"2"代表不同意，"3"代表较不同意，"4"代表一般，"5"代表比较同意，"6"代表同意，"7"代表完全同意。具体见表 6-8。

表 6-8　农户粮食种植决策

序号	题项	完全不同意→完全同意						
1	愿意增加种植面积	1	2	3	4	5	6	7

序号	题项	完全不同意→完全同意						
2	愿意投入更多的生产资料	1	2	3	4	5	6	7
3	愿意购置农机进行粮食生产	1	2	3	4	5	6	7

对农户粮食种植决策进行汇总分析,如表 6 - 9 所示。

表 6 - 9　农户粮食种植决策分析

选项	愿意增加种植面积			愿意投入更多的生产资料			愿意购置农机进行粮食生产		
	频数	百分比	累计百分比	频数	百分比	累计百分比	频数	百分比	累计百分比
完全不同意	13	2.4	2.4	11	2.0	2.0	10	1.9	1.9
不同意	47	8.8	11.2	48	8.9	11.0	50	9.3	11.2
较不同意	106	19.7	30.9	106	19.7	30.7	106	19.7	30.9
一般	167	31.1	62.0	162	30.2	60.9	180	33.5	64.4
比较同意	128	23.8	85.8	138	25.7	86.6	123	22.9	87.3
同意	57	10.6	96.5	47	8.8	95.3	47	8.8	96.1
完全同意	19	3.5	100.0	25	4.7	100.0	21	3.9	100.0
合计	537	100.0		537	100.0		537	100.0	

由表 6 - 9 可知,实行粮食直接补贴政策以后,关于愿意增加种植面积,完全不同意的有 13 人,占总样本数的 2.4%;不同意的有 47 人,占总样本数的 8.8%;较不同意的有 106 人,占总样本数的 19.7%;一般的有 167 人,占总样本数的 31.1%;比较同意的有 128 人,占总样本数的 23.8%;同意的有 57 人,占总样本数的 10.6%;完全同意的有 19 人,占总样本数的 3.5%。完全不同意、不同意、较不同意的共有 166 人,占总样本数的

30.9%；一般、比较同意、同意、完全同意的共有 371 人，占总样本数的 69.1%。可见大多数农户在粮食直接补贴政策实行后，愿意增加种植面积，有利于促进粮食产量增加。

实行粮食直接补贴政策以后，关于愿意投入更多的生产资料，完全不同意的有 11 人，占总样本数的 2.0%；不同意的有 48 人，占总样本数的 8.9%；较不同意的有 106 人，占总样本数的 19.7%；一般的有 162 人，占总样本数的 30.2%；比较同意的有 138 人，占总样本数的 25.7%；同意的有 47 人，占总样本数的 8.8%；完全同意的有 25 人，占总样本数的 4.7%。完全不同意、不同意、较不同意的共有 165 人，占总样本数的 30.7%；一般、比较同意、同意、完全同意的共有 372 人，占总样本数的 69.3%。可见大多数农户在粮食直接补贴政策实行后，愿意投入更多的生产资料，有利于促进粮食产量的增加。

实行粮食直接补贴政策以后，关于愿意购置农机进行粮食生产，完全不同意的有 10 人，占总样本数的 1.9%；不同意的有 50 人，占总样本数的 9.3%；较不同意的有 106 人，占总样本数的 19.7%；一般的有 180 人，占总样本数的 33.5%；比较同意的有 123 人，占总样本数的 22.9%；同意的有 47 人，占总样本数的 8.8%；完全同意的有 21 人，占总样本数的 3.9%。完全不同意、不同意、较不同意的共有 166 人，占总样本数的 30.9%；一般、比较同意、同意、完全同意的共有 371 人，占总样本数的 69.1%。可见绝大多数的农户在粮食直接补贴政策实行后，愿意购置农机进行粮食生产。

综上，实行粮食直接补贴政策以后，大多数农户愿意增加种植面积、愿意投入更多的生产资料、愿意购置农机进行粮食生产。

（二）粮食直接补贴政策影响农户粮食种植行为

我们从三个方面分析粮食直接补贴政策影响农户的粮食种植行

为，分别为愿意减少外出打工时间、愿意在粮食生产上投入更多的劳动力、愿意花更多的时间在粮食生产上。"1"代表完全不同意，"2"代表不同意，"3"代表较不同意，"4"代表一般，"5"代表比较同意，"6"代表同意，"7"代表完全同意。具体见表 6 – 10。

表 6 – 10　农户粮食种植行为

序号	题项	完全不同意→完全同意						
1	愿意减少外出打工时间	1	2	3	4	5	6	7
2	愿意在粮食生产上投入更多的劳动力	1	2	3	4	5	6	7
3	愿意花更多的时间在粮食生产上	1	2	3	4	5	6	7

对农户粮食种植行为进行汇总分析，如表 6 – 11 所示。

表 6 – 11　农户粮食种植行为分析

选项	愿意减少外出打工时间			愿意在粮食生产上投入更多的劳动力			愿意花更多的时间在粮食生产上		
	频数	百分比	累计百分比	频数	百分比	累计百分比	频数	百分比	累计百分比
完全不同意	13	2.4	2.4	14	2.6	2.6	15	2.8	2.8
不同意	45	8.4	10.8	44	8.2	10.8	42	7.8	10.6
较不同意	124	23.1	33.9	126	23.5	34.3	123	22.9	33.5
一般	160	29.8	63.7	168	31.3	65.5	172	32.0	65.5
比较同意	122	22.7	86.4	114	21.2	86.8	114	21.2	86.8
同意	55	10.2	96.6	50	9.3	96.1	50	9.3	96.1
完全同意	18	3.4	100.0	21	3.9	100.0	21	3.9	100.0
合计	537	100.0		537	100.0		537	100.0	

由表 6 – 11 可知，实行粮食直接补贴政策以后，关于愿意减

少外出打工时间，完全不同意的有 13 人，占总样本数的 2.4%；不同意的有 45 人，占总样本数的 8.4%；较不同意的有 124 人，占总样本数的 23.1%；一般的有 160 人，占总样本数的 29.8%；比较同意的有 122 人，占总样本数的 22.7%；同意的有 55 人，占总样本数的 10.2%；完全同意的有 18 人，占总样本数的 3.4%。完全不同意、不同意、较不同意的共有 182 人，占总样本数的 33.9%；一般、比较同意、同意、完全同意的共有 355 人，占总样本数的 66.1%。可见绝大多数的农户在粮食直接补贴政策实行后，愿意减少外出打工时间。

实行粮食直接补贴政策以后，关于愿意在粮食生产上投入更多的劳动力，完全不同意的有 14 人，占总样本数的 2.6%；不同意的有 44 人，占总样本数的 8.2%；较不同意的有 126 人，占总样本数的 23.5%；一般的有 168 人，占总样本数的 31.3%；比较同意的有 114 人，占总样本数的 21.2%；同意的有 50 人，占总样本数的 9.3%；完全同意的有 21 人，占总样本数的 3.9%。完全不同意、不同意、较不同意的共有 184 人，占总样本数的 34.3%；一般、比较同意、同意、完全同意的共有 353 人，占总样本数的 65.7%。可见大多数农户在粮食直接补贴政策实行后，愿意在粮食生产上投入更多的劳动力。

实行粮食直接补贴政策以后，关于愿意花更多的时间在粮食生产上，完全不同意的有 15 人，占总样本数的 2.8%；不同意的有 42 人，占总样本数的 7.8%；较不同意的有 123 人，占总样本数的 22.9%；一般的有 172 人，占总样本数的 32.0%；比较同意的有 114 人，占总样本数的 21.2%；同意的有 50 人，占总样本数的 9.3%；完全同意的有 21 人，占总样本数的 3.9%。完全不同意、不同意、较不同意的共有 180 人，占总样本数的 33.5%；一般、比较同意、同意、完全同意的共有 357 人，占总样本数的 66.5%。可见大多数农户在粮食直接补贴政策实行后，愿意花更多的时间在粮食生产上。

综上,实行粮食直接补贴政策以后,大多数农户愿意减少外出打工时间、愿意在粮食生产上投入更多的劳动力、愿意花更多的时间在粮食生产上。

五　本章小结

本章对粮食直接补贴政策产生的粮食安全效应开展了研究。粮食财政直接补贴政策提升了粮食数量安全效应,粮食总产量、谷物类粮食总产量、粮食作物播种面积和谷物类粮食单位面积产量都有较大幅度提升。粮食直补政策提升了粮食质量安全效应,良种采用、农用化肥施用量、农业机械总动力都有较大幅度提升。实行粮食财政直接补贴政策以后,农户更倾向于提升粮食产量和质量,大多数农户愿意增加种植面积、愿意投入更多的生产资料、愿意购置农机进行粮食生产,大多数农户也愿意减少外出打工时间、愿意在粮食生产上投入更多的劳动力、愿意花更多的时间在粮食生产上。

第七章 ◀
粮食直接补贴政策效果的
影响路径

    本章运用结构方程模型分析国家粮食财政直接补贴政策影响粮食安全的作用路径，通过设计问卷，分析问卷的信度，对涉及的变量做探索性与验证性因子分析，最终建立粮食直接补贴政策对粮食安全影响的结构方程模型，分析各变量之间的影响强度，并对可能存在的中介效应进行探讨，得出影响粮食安全的作用机制。

一 粮食直接补贴影响农户生产决策的机制

    自实施粮食财政直接补贴政策后，农户的种粮收益会有所提升，因此农户可能会增加种植面积；对农业生产资料增支给予综合补贴，降低了生产资料的投入成本，因此农户可能会投入更多的生产资料；对良种的补贴，使得农户更可能选择良种进行种植；而对农机的购置补贴，使农机的购置成本有所降低，因而农户更有可能选择农机进行耕种，从而对农户的生产决策产生影响。由于种粮比较收益的上升，农户可能愿意减少外出打工时间，在粮食生产上投入更多的时间和劳动力。

    粮食直接补贴政策实施后，农户对政策的了解度，会影响种粮积极性，而种粮积极性会影响农户的生产行为和决策行为，进而影响粮食安全。现实中很多农户对国家粮食财政直接补贴政策并不是十分了解，因而一定程度上影响了他们的种粮积极性。农户对政策的满意度也会影响他们的种粮积极性，而满意度又可以分为四个方面，对粮食直补发放依据的满意度、对粮食直补标准的满意度、对粮食直补支付方式的满意度、对粮食直补发放时间的满意度。满意度对粮食安全产生直接影响，同时也通过影响农户种粮的积极性，进而影响粮食安全。粮食直补影响粮食安全的作用路径如图 7 – 1 所示，具体题项的含义在本章第二节介绍。

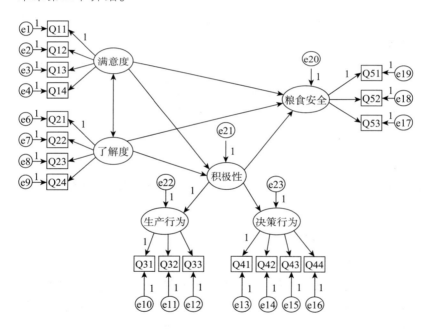

图 7 – 1　粮食直补影响粮食安全的作用路径

二　研究方法

本章研究属于农户层面的研究，所用到的数据无法从公开渠道获得，必须采用问卷调查的方式获取。结合已有的量表、对农户的访谈设计调查问卷，通过问卷发放、数据收集与录入、数据分析等步骤进行实证分析。接下来将用到的方法进行介绍，其中问卷设计与样本的基本特征分布情况在前面的章节已经说明，本章不再重复介绍。

（一）变量测量

本章用到的问卷采用李克特 7 级量表对题项进行测量，以下对被解释变量和解释变量做详细介绍。

1. 被解释变量

本章的被解释变量为粮食安全，采用 3 个题项对粮食安全进行测量，量表打分采用李克特 7 级尺度。如表 7 - 1 所示，3 个题项分别为陕西省粮食直接补贴政策实施以后粮食产量得到了提高、粮食质量有所提升、粮食的种植结构明显改善。

表 7 - 1　粮食安全的测度

变量	编号	题项
粮食安全	Q51	粮食产量得到了提高
	Q52	粮食质量有所提升
	Q53	粮食的种植结构明显改善

2. 解释变量

一是满意度。

本章的解释变量之一为粮食直补政策的满意度（即满意程度），采用 4 个题项对满意度进行测量，量表打分采用李克特 7 级尺度。如表 7 - 2 所示，4 个题项分别为您对粮食直补发放依据的满意度、您对粮食直补标准的满意度、您对粮食直补支付方式的满意度、您对粮食直补发放时间的满意度。

表 7 - 2　满意度的测度

变量	编号	题项
满意度	Q11	您对粮食直补发放依据的满意度
	Q12	您对粮食直补标准的满意度
	Q13	您对粮食直补支付方式的满意度
	Q14	您对粮食直补发放时间的满意度

二是了解度。

本章的解释变量之一为粮食直补政策的了解度（即了解程度），采用 4 个题项对了解度进行测量，量表打分采用李克特 7 级尺度。如表 7 - 3 所示，4 个题项分别为您对粮食直接补贴的了解程度、您对农业生产资料增支综合直接补贴的了解程度、您对良种补贴的了解程度、您对农机购置补贴的了解程度。

表 7 - 3　了解度的测度

变量	编号	题项
了解度	Q21	您对粮食直接补贴的了解程度
	Q22	您对农业生产资料增支综合直接补贴的了解程度
	Q23	您对良种补贴的了解程度
	Q24	您对农机购置补贴的了解程度

三是生产行为。

本章的解释变量之一为农户的生产行为，采用 3 个题项对农户的生产行为进行测量，量表打分采用李克特 7 级尺度。如表 7 - 4 所示，3 个题项分别为愿意减少外出打工时间、愿意在粮食生产上投入更多的劳动力、愿意花更多的时间在粮食生产上。

表 7 - 4　生产行为的测度

变量	编号	题项
	Q31	愿意减少外出打工时间

续表

变量	编号	题项
生产行为	Q32	愿意在粮食生产上投入更多的劳动力
	Q33	愿意花更多的时间在粮食生产上

四是决策行为。

本章的解释变量之一为农户的决策行为，采用 4 个题项对农户的决策行为进行测量，量表打分采用李克特 7 级尺度。如表7-5 所示，4 个题项分别为陕西省粮食直接补贴政策实施以后愿意增加种植面积、愿意投入更多的生产资料、更多地选择良种进行种植、愿意购置农机进行粮食生产。

表 7-5　决策行为的测度

变量	编号	题项
决策行为	Q41	愿意增加种植面积
	Q42	愿意投入更多的生产资料
	Q43	更多地选择良种进行种植
	Q44	愿意购置农机进行粮食生产

（二）分析方法介绍

通过实地对农户问卷调查得到的数据，在进行结构方程模型分析之前，需要进行描述性统计分析，对样本数据的效度和信度进行检验，做相关性分析，还要做探索性与验证性因子分析。本章采用 SPSS 22.0 软件进行描述性统计分析、信度检验、效度检验、相关性分析和探索性因子分析，运用 AMOS 22.0 软件进行验证性因子分析以及结构方程模型分析。

1. 信度检验

量表制作完成后，在进行假设检验之前，首先应进行信度和效度检验，以检验量表的可靠性以及稳定性，只有当量表满足较高的信度和效度才可以被使用。通常两次或两个测量得到的结果接近程度越高,说明其具有较小的误差,因此信度也较高。测量结果的正确性与信度无关,信度的作用是衡量测量的稳定性。信度的种类有内在信度与外在信度。内在信度是用来测试题项是不是表示同样的概念,即问卷的题项内在一致性的程度,衡量的变量是否稳定,通常使用 Cronbach's α 来测量。外在信度指的是同样的被测者在不同的时间进行调查得到的结果的一致性,通常用重测信度进行检验。

信度指标是定量化地描述信度,信度指标对应的值我们称之为信度系数。越大的信度系数代表着越高的可信程度,但在实际中两次测验结果也不可能完全一致。本书采用 Cronbach's α 的系数值来测量问卷数据的一致性,信度系数的值达到多少说明量表是可信的,不同的学者看法并不一致。Cronbach's α 的系数取值为 0 ~ 1,越接近 1 代表着越高的信度。通常认为 Cronbach's α 系数的值在大于 0.9 时,此时量表的信度很高;当 Cronbach's α 系数的值为 0.8 ~ 0.9 时,量表的信度较高;当 Cronbach's α 系数的值为 0.7 ~ 0.8 时,量表的信度是可接受的;当 Cronbach's α 系数的值低于 0.7 时,则应对问卷进行重新设计(Nunnally,1994)。另外,调查问卷中所有的题项 – 总体相关系数要在 0.35 以上(李怀祖,2004)。

2. 效度检验

效度的衡量一般可以包括内容效度与构思效度两个方面。内容效度是在检测内容是否合适,本书的问卷根据相关学者的实证文献进行设计,并根据调研的情况和专家提出的意见进行进一步修订,从而内容效度可以认为较高。通常我们用因子分析来检验问卷变量的构思效度,可以检验变量测度的正确性与可操作性(吴明隆,2003),本章采用探索性与验证性因子分析对构思效度进行测量。

3. 探索性因子分析

进行因子分析的前提是以分析时的信息丢失量为最少，将原始变量进行浓缩得到几个指标，也称之为因子。用数学模型来展现这一思想，假定原有的变量共有 m 个，即 $x_1, \cdots, x_m$，每个变量都可以用 n 个因子，即 $f_1, \cdots, f_n$ 的线性组合来表示，我们有：

$$\begin{cases} x_1 = a_{11}f_1 + a_{12}f_2 + a_{13}f_3 + \cdots + a_{1n}f_n + \varepsilon_1 \\ x_2 = a_{21}f_1 + a_{22}f_2 + a_{23}f_3 + \cdots + a_{2n}f_n + \varepsilon_2 \\ \vdots \\ x_m = a_{m1}f_1 + a_{m2}f_2 + a_{m3}f_3 + \cdots + a_{mn}f_n + \varepsilon_m \end{cases}$$

该式用矩阵表示，可以简化为：

$$X = AF + \varepsilon$$

我们称 F 为公共因子，它们在每个变量的表达式中都会出现。因子的数量必定要少于原始变量，它是通过采用"降维"的思想方法，将复杂的原始数据进行进一步简化，从而降低数据的维度，所以因子的数量必然少于原始变量。因子代表了原始变量的绝大部分的信息，因此因子是对原始变量进行重组得到的，并不是对原始变量的简单加总，原始变量的大部分信息得到保留。因子之间不存在显著的线性关系，因为当变量较多时会出现信息重叠现象，因子分析就是提取了原始变量的共有信息，因此因子之间不会存在显著的线性关系。因子也可以被命名，通过探索性因子分析得到的因子是可以被重新命名的，从而给分析结果的解读带来便利。

本书提出的粮食直补的满意度、了解度、生产行为、决策行为、粮食安全变量是在前人研究的基础上进行改进而得到的，因此需要运用探索性因子分析来对题项的合理性进行测量。本书提取因子的方法采用主成分分析的方法，对特征根大于 1 的因子进行提取，因子旋转采用最大方差法，最低可接受的各题项因子载荷为 0.5 (马庆国, 2002)。

4. 验证性因子分析

与探索性因子分析不同,验证性因子分析通常采用调查得到的另一组数据样本检验探索性分析形成的变量结构的契合度,允许事先假定测量变量和因素间的关系,检验测量变量与因素构念间的关系。我们运用结构方程模型分析软件 AMOS 22.0 进行验证性因子分析。

对于结构方程模型最低样本容量要求存在争议,一般认为应在 100 以上,从而可以使用最大似然法估计结构方程模型。评估结构方程模型 (SEM) 的关键是模型的配适度,模型的配适度是用来表明我们假设的模型与实际得到的数据的拟合度,从而检验研究假设的合理性。如果模型的配适度良好,说明假设的模型与实际数据拟合程度高,假设模型成立,支持研究的结论;如果模型的配适度情况不好,说明假设的模型与实际数据拟合程度不高,假设模型不成立,研究的结论得不到支持。

用来评价模型的配适度指标有多种,包括 χ^2、χ^2/df、RMR、RMSEA、NFI、RFI、IFI、TLI、CFI、AGFI 和 GFI 等,拟合良好的模型,要满足一个以上指标 (Breckler, 1990)。根据侯杰泰等 (2004)、温忠麟等 (2004) 的研究,本书将选取 χ^2/df、RMSEA、NFI、TLI、CFI 和 GFI 六类指标对模型的拟合优度做出评价,它们的判断依据如下。

(1) χ^2/df。当 χ^2/df 的值大于 2 且小于 5 时,可以认为该模型可被接受;当 χ^2/df 的值比 2 要小时,说明数据对模型的拟合程度是非常好的。

(2) RMSEA,也称为近似误差均方根,样本容量的大小对它的影响较小,属于很好的拟合指标。RMSEA 的值越接近于 0,说明数据对模型的拟合具有越好的效果。根据 Steiger (1990) 的研究,如果 RMSEA 的数值低于 0.10,说明数据与模型具有较好的拟合效果；如果 RMSEA 的数值低于 0.05，说明数据与模型的拟合效果很好；如果 RMSEA 的数值低于 0.01，代表数据与模型的拟合效果非常好。

（3）NFI，也称为赋范拟合指数，它的取值在 0~1，越靠近 1，表明数据与模型具有越好的拟合效果，当 NFI 的取值大于等于 0.90，通常认为此时模型是可以被接受的。

（4）TLI，即 Tucker-Lewis 指数，它的取值越接近 1，表明模型具有越好的拟合效果，TLI 的取值大于等于 0.90，通常认为此时模型是可以被接受的。

（5）CFI，也称为比较拟合指数，样本的容量大小对它基本不受影响，能够较好地反映模型的情况，因此是比较理想的相对拟合指标。它的取值在 0~1，越是靠近 1，表明此时模型具有越好的拟合效果，CFI 的取值大于等于 0.90，通常认为此时模型是可以被接受的。

（6）GFI，也称为拟合优度指标，它的取值在 0~1，越接近 1，表明此时模型具有越好的拟合效果，GFI 的取值大于等于 0.90，通常认为此时模型是可以被接受的。

5. 结构方程模型

在进行信度检验、探索性和验证性因子分析之后，我们将运用结构方程模型分析粮食直补对粮食安全的影响路径，检验样本数据和假设模型的配适程度。

结构方程模型（Structural Equation Modeling，SEM），也称为潜在变量模型，它整合了因素分析、路径分析和多元回归分析，可以用来测量多个自变量与多个因变量之间的影响关系。同时检验模型中的显变量（Observed Variables）、潜变量（Unobserved Variables）、干扰变量之间的相关关系，从而得到因变量受到自变量影响的总效应（Total Effects）、间接效应（Indirect Effects）和直接效应（Direct Effects）。

三　研究假设

本书在研究国家粮食财政直接补贴政策对粮食安全的影响路径分析时，提出以下研究假设。

假设 H1：农户对粮食直接补贴政策实施的满意程度显著正向影响种粮积极性。

假设 H2：农户对粮食直接补贴政策的了解程度显著正向影响种粮积极性。

假设 H3：农户对粮食直接补贴政策实施的满意程度显著正向影响粮食安全。

假设 H4：农户对粮食直接补贴政策的了解程度显著正向影响粮食安全。

假设 H5：农户的种粮积极性显著正向影响粮食安全。

假设 H6：种粮积极性在满意度与粮食安全之间起中介作用。

假设 H7：种粮积极性在了解度与粮食安全之间起中介作用。

四　探索性因子分析

本节需要通过探索性因子分析对变量分类，确定变量的结构。探索性因子分析需要具备的最少的样本数量一般认为应该为变量数量的 5~10 倍，或者拥有单个变量对应题项数量的 5~10 倍。在本研究中，同时运用探索性因子分析的变量数量最多为 2 个，而单个变量对应题项数最多为 4 个，因此运用探索性因子分析所需的最低样本数量为 40 个。通过调查共获得样本 537 个，探索性因子分析使用其中 100 个样本，验证性因子与结构方程模型分析使用剩余的 437 个样本。

因子分析是为了对原有变量做降维处理，把原题项中拥有的共同信息提取出来作为因子，因此前提是原题项具有较强的相关关系。假如相互独立的原始变量，则提取不了公共因子。判断各题项相关关系的强弱，与因子分析的适合程度，通常可以用 Bartlett（巴特利特）的球形度检验（Bartlett Test of Sphericity）和 KMO（Kaiser-Meyer-Olkin）检验等方法。KMO 取值为 0～1，它的取值越接近 1，说明相关关系越强，此时进行因子分析是适合的；如果 KMO 得到的数值高于 0.9，说明此时做因子分析是很适合的；如果 KMO 的取值范围为 0.8～0.9，则说明此时做因子分析还是很适合的；如果 KMO 的取值范围为 0.7～0.8，则说明适合运用因子分析；如果 KMO 取值为 0.6～0.7，此时因子分析很勉强；如果 KMO 取值位于 0.5 之下，则已经不再适合进行因子分析（马庆国，2002）。Bartlett 的球形度检验是用来检验原始的题项形成的相关矩阵是否为单位矩阵，假设是则说明原始变量相关性不强，因此运用因子分析是不适合的。若 Bartlett 的球形度检验得到的显著性水平小于或等于 0.05，则可以说明原始变量并不是独立的，即运用因子分析是适合的。

若变量适合运用因子分析，则使用主成分分析方法，根据特征值大于 1 进行因子提取，并运用最大方差法进行因子旋转。如果提取出来的因子解释的累计总方差在 50% 以上，则说明结构效度要求得到满足。

（一）满意度与了解度探索性因子分析

满意度与了解度的信度检验如表 7－6 所示。

表 7－6　满意度与了解度的信度检验（$N = 100$）

变量名称	题项	校正后项目与总体相关性	平方多重相关	项目删除后的 Cronbach's α 系数	Cronbach's α 系数
	Q11	0.920	0.851	0.918	

变量名称	题项	校正后项目与总体相关性	平方多重相关	项目删除后的 Cronbach's α 系数	Cronbach's α 系数
满意程度	Q12	0.841	0.726	0.943	0.948
	Q13	0.898	0.818	0.925	
	Q14	0.844	0.722	0.942	
了解程度	Q21	0.922	0.871	0.937	0.958
	Q22	0.886	0.848	0.947	
	Q23	0.868	0.814	0.953	
	Q24	0.910	0.846	0.940	

由表 7 - 6 可知满意程度和了解程度各校正后项目与总体相关性系数均在 0.8 以上。满意程度变量 Cronbach's α 系数的值为 0.948，题项 Q11 项目删除后的 Cronbach's α 系数为 0.918，题项 Q12 项目删除后的 Cronbach's α 系数为 0.943，题项 Q13 项目删除后的 Cronbach's α 系数为 0.925，题项 Q14 项目删除后的 Cronbach's α 系数为 0.942；了解程度变量 Cronbach's α 系数的值为 0.958，题项 Q21 项目删除后的 Cronbach's α 系数为 0.937，题项 Q22 项目删除后的 Cronbach's α 系数为 0.947，题项 Q23 项目删除后的 Cronbach's α 系数为 0.953，题项 Q24 项目删除后的 Cronbach's α 系数为 0.940。由上可知变量的信度系数均大于 0.9，说明变量具有很高的信度。因此满意程度和了解程度量表的信度很高。

由表 7 - 7 可知 KMO 的取值为 0.837，表明运用因子分析是合适的；Bartlett 的球形度检验得到的卡方值为 887.872，自由度（可用 df 表示）数值为 28，对应的显著性水平取值小于 0.05，也表明进行因子分析是合适的。

表 7 - 7　KMO 和巴特利特检验 （N = 100）

KMO 取样适切性量数		0.837
Bartlett 的球形度检验	上次读取的卡方	887.872

KMO 取样适切性量数		0.837
Bartlett 的球形度检验	自由度	28
	显著性	0.000

提取的公因子方差分别如下所示（见表 7 – 8）：题项 Q11 的公因子方差为 0.927，题项 Q12 的公因子方差为 0.830，题项 Q13 的公因子方差为 0.891，题项 Q14 的公因子方差为 0.830；题项 Q21 的公因子方差为 0.915，题项 Q22 的公因子方差为 0.873，题项 Q23 的公因子方差为 0.864，题项 Q24 的公因子方差为 0.904。

表 7 – 8 公因子方差 ($N = 100$)

题项	初始值	提取
Q11	1.000	0.927
Q12	1.000	0.830
Q13	1.000	0.891
Q14	1.000	0.830
Q21	1.000	0.915
Q22	1.000	0.873
Q23	1.000	0.864
Q24	1.000	0.904

注：提取方法为主成分分析。

由表 7 – 9 可知，提取出来的 2 个因子解释的总方差累计百分比达到 87.921%，旋转后的特征值分别为 3.559 和 3.475，方差百分比分别为 44.484% 和 43.437%。

表 7 – 9 总方差解释 ($N = 100$)

组件	初始特征值			提取载荷平方和			旋转载荷平方和		
	总计	方差百分比	累计百分比	总计	方差百分比	累计百分比	总计	方差百分比	累计百分比
1	4.964	62.049	62.049	4.964	62.049	62.049	3.559	44.484	44.484

组件	初始特征值			提取载荷平方和			旋转载荷平方和		
	总计	方差百分比	累计百分比	总计	方差百分比	累计百分比	总计	方差百分比	累计百分比
2	2.070	25.872	87.921	2.070	25.872	87.921	3.475	43.437	87.921
3	0.284	3.551	91.472						
4	0.207	2.582	94.054						
5	0.175	2.183	96.237						
6	0.140	1.744	97.981						
7	0.098	1.219	99.200						
8	0.064	0.800	100						

注：提取方法为主成分分析。

满意度和了解度的探索性因子分析结果见表 7 – 10。

表 7 – 10　探索性因子分析结果（$N = 100$）

变量名称	题项	描述性统计分析		因子载荷	
		平均值	标准差	满意度	了解度
满意度	Q11	4.020	1.400	0.956	0.116
	Q12	3.940	1.270	0.887	0.207
	Q13	4.030	1.389	0.920	0.210
	Q14	4.050	1.410	0.874	0.259
了解度	Q21	3.830	1.364	0.210	0.933
	Q22	3.850	1.336	0.236	0.904
	Q23	3.830	1.256	0.136	0.919
	Q24	3.740	1.315	0.214	0.926

由表 7 – 10 可知，我们共提取到粮食直补政策的满意度和了解度 2 个因子。从题项 Q11、Q12、Q13、Q14 中提取了满意度因子，因子载荷均达到了 0.85。题项 Q11 的平均值为 4.020，标准差为 1.400，因子载荷为 0.956；题项 Q12 的平均值为 3.940，标准差为 1.270，因子载荷为 0.887；题项 Q13 的平均值为 4.030，标准

差为 1.389，因子载荷为 0.920；题项 Q14 的平均值为 4.050，标准差为 1.410，因子载荷为 0.874。从题项 Q21、Q22、Q23、Q24 中提取到了解度因子，因子载荷均达到了 0.85。题项 Q21 的平均值为 3.830，标准差为 1.364，因子载荷为 0.933；题项 Q22 的平均值为 3.850，标准差为 1.336，因子载荷为 0.904；题项 Q23 的平均值为 3.830，标准差为 1.256，因子载荷为 0.919；题项 Q24 的平均值为 3.740，标准差为 1.315，因子载荷为 0.926。

（二）积极性探索性因子分析

积极性的信度检验如表 7 – 11 所示。

表 7 – 11　积极性的信度检验（$N = 100$）

变量名称	题项	校正后项目与总体相关性	平方多重相关	项目删除后的克隆巴赫系数	Cronbach's α 系数
生产行为	Q31	0.847	0.724	0.864	
	Q32	0.802	0.643	0.902	0.916
	Q33	0.842	0.716	0.869	
决策行为	Q41	0.902	0.817	0.914	
	Q42	0.872	0.811	0.923	0.944
	Q43	0.787	0.646	0.950	
	Q44	0.900	0.823	0.915	

由表 7 – 11 可知，生产行为和决策行为各校正后项目与总体相关性系数在 0.85 左右。生产行为变量 Cronbach's α 系数的值为 0.916，题项 Q31 项目删除后的 Cronbach's α 系数为 0.864，题项 Q32 项目删除后的 Cronbach's α 系数为 0.902，题项 Q33 项目删除后的 Cronbach's α 系数为 0.869；决策行为变量 Cronbach's α 系数的值为 0.944，题项 Q41 项目删除后的 Cronbach's α 系数为 0.914，题项 Q42 项目删除后的 Cronbach's α 系数为 0.923，题项 Q43 项目删除后的 Cronbach's α 系数为 0.950，题项 Q44 项目删除

后的 Cronbach's α 系数为 0.915。各变量的信度系数大多大于 0.9，说明变量具有很高的信度。因此生产行为和决策行为量表的信度很高。

由表 7 – 12 可知 KMO 的取值为 0.826，表明运用因子分析是合适的；Bartlett 的球形度检验得到的卡方值为 641.061，自由度数值为 21，对应的显著性水平取值小于 0.05，也表明进行因子分析是合适的。

表 7 – 12　KMO 和巴特利特检验（N = 100）

KMO 取样适切性量数		0.826
Bartlett 的球形度检验	上次读取的卡方	641.061
	自由度	21
	显著性	0.000

提取的公因子方差分别如下所示（见表 7 – 13）：题项 Q31 的公因子方差为 0.882，题项 Q32 的公因子方差为 0.823，题项 Q33 的公因子方差为 0.870；题项 Q41 的公因子方差为 0.908，题项 Q42 的公因子方差为 0.871，题项 Q43 的公因子方差为 0.769，题项 Q44 的公因子方差为 0.895。

表 7 – 13　公因子方差（N = 100）

题项	初始值	提取
Q31	1.000	0.882
Q32	1.000	0.823
Q33	1.000	0.870
Q41	1.000	0.908
Q42	1.000	0.871
Q43	1.000	0.769
Q44	1.000	0.895

注：提取方法为主成分分析。

由表 7-14 可知，提取出来的 2 个因子解释的总方差累计百分比达到 85.964%，旋转后的特征值分别为 3.378 和 2.639，方差百分比分别为 48.258% 和 37.706%。

表 7-14　总方差解释　($N = 100$)

组件	初始特征值			提取载荷平方和			旋转载荷平方和		
	总计	方差百分比	累计百分比	总计	方差百分比	累计百分比	总计	方差百分比	累计百分比
1	4.412	63.031	63.031	4.412	63.031	63.031	3.378	48.258	48.258
2	1.605	22.933	85.964	1.605	22.933	85.964	2.639	37.706	85.964
3	0.320	4.567	90.531						
4	0.260	3.708	94.239						
5	0.189	2.695	96.934						
6	0.124	1.778	98.712						
7	0.090	1.288	100						

注：提取方法为主成分分析。

积极性变量的探索性因子分析结果见表 7-15。

表 7-15　积极性的探索性因子分析结果　($N = 100$)

变量名称	题项	描述性统计分析		因子载荷	
		平均值	标准差	生产行为	决策行为
生产行为	Q31	4.050	1.290	0.926	0.156
	Q32	4.200	1.263	0.866	0.271
	Q33	4.000	1.239	0.908	0.214
决策行为	Q41	4.190	1.354	0.139	0.943
	Q42	4.200	1.363	0.317	0.878
	Q43	4.240	1.379	0.184	0.857
	Q44	4.190	1.316	0.233	0.917

由表 7-15 可知，我们共提取到农户的生产行为和决策行为 2 个因子。从题项 Q31、Q32、Q33 中提取了生产行为因子，因子

载荷均达到了 0.85。题项 Q31 的平均值为 4.050，标准差为
1.290，因子载荷为 0.926；题项 Q32 的平均值为 4.200，标准差
为 1.263，因子载荷为 0.866；题项 Q33 的平均值为 4.000，标准
差为 1.239，因子载荷为 0.908。从题项 Q41、Q42、Q43、Q44 中提
取到决策行为因子，因子载荷也达到了 0.85。题项 Q41 的平均值为
4.190，标准差为 1.354，因子载荷为 0.943；题项 Q42 的平均值为
4.200，标准差为 1.363，因子载荷为 0.878；题项 Q43 的平均值为
4.240，标准差为 1.379，因子载荷为 0.857；题项 Q44 的平均值为
4.190，标准差为 1.316，因子载荷为 0.917。

（三）粮食安全探索性因子分析

粮食安全的信度检验如表 7 - 16 所示。

表 7 - 16 粮食安全的信度检验 （$N = 100$）

变量 名称	题项	校正后项目与 总体相关性	平方多重 相关	项目删除后的 Cronbach's α 系数	Cronbach's α 系数
粮食 安全	Q51	0.860	0.758	0.905	0.934
	Q52	0.894	0.803	0.877	
	Q53	0.836	0.705	0.925	

由表 7 - 16 可知，粮食安全各校正后项目与总体相关性系数
在 0.85 左右。Cronbach's α 系数的值为 0.934，题项 Q51 项目删
除后的 Cronbach's α 系数为 0.905，题项 Q52 项目删除后的
Cronbach's α 系数为 0.877，题项 Q53 项目删除后的 Cronbach's α
系数为 0.925，说明变量具有很高的信度。因此粮食安全量表的
信度很高。

由表 7 - 17 可知 KMO 的取值为 0.753，表明运用因子分析是
合适的；Bartlett 的球形度检验得到的卡方值为 250.408，自由度
数值为 3，对应的显著性水平取值小于 0.05，也表明进行因子分

析是合适的。

表 7 – 17　KMO 和巴特利特检验（N = 100）

KMO 取样适切性量数		0.753
Bartlett 的球形度检验	上次读取的卡方	250.408
	自由度	3
	显著性	0.000

由表 7 – 18 可知，提取的公因子方差分别如下所示：题项 Q51 的公因子方差为 0.881，题项 Q52 的公因子方差为 0.912，题项 Q53 的公因子方差为 0.856。

表 7 – 18　公因子方差（N = 100）

题项	初始值	提取
Q51	1.000	0.881
Q52	1.000	0.912
Q53	1.000	0.856

注：提取方法为主成分分析。

由表 7 – 19 可知，提取出来的 1 个因子解释的总方差累计百分比达到 88.315%，因子的特征值为 2.649，方差百分比为 88.315%。

表 7 – 19　总方差解释（N = 100）

组件	初始特征值			提取载荷平方和		
	总计	方差百分比	累计百分比	总计	方差百分比	累计百分比
1	2.649	88.315	88.315	2.649	88.315	88.315
2	0.220	7.347	95.662			
3	0.130	4.338	100			

注：提取方法为主成分分析。

粮食安全变量的探索性因子分析结果见表 7 – 20。

表 7 - 20　粮食安全的探索性因子分析结果（N = 100）

变量名称	题项	描述性统计分析		因子载荷
		平均值	标准差	粮食安全
粮食安全	Q51	4.310	1.522	0.939
	Q52	4.190	1.587	0.955
	Q53	4.150	1.654	0.925

由表 7 - 20 可知，我们共提取到粮食安全 1 个因子。从题项 Q51、Q52、Q53 中提取了粮食安全因子，因子载荷均达到了 0.85。题项 Q51 的平均值为 4.310，标准差为 1.522，因子载荷为 0.939；题项 Q52 的平均值为 4.190，标准差为 1.587，因子载荷为 0.955；题项 Q53 的平均值为 4.150，标准差为 1.654，因子载荷为 0.925。

五　验证性因子分析

经过第四节的探索性因子分析，我们共获得 5 个因子，本小节通过验证性因子分析进一步验证因子结构的合理性。探索性因子分析采用 100 个样本，验证性因子分析采用剩余的 437 个样本。

（一）满意度与了解度验证性因子分析

首先，我们对满意度、了解度 2 个变量的信度进行分析，结果见表 7 - 21。

表 7 - 21　满意度与了解度的信度检验（N = 437）

变量名称	题项	平均值	标准差	题项 - 总体相关系数	Cronbach's α 系数
满意程度	Q11	4.009	1.289	0.878	0.943
	Q12	4.025	1.343	0.846	
	Q13	4.032	1.325	0.853	
	Q14	4.039	1.352	0.877	

变量名称	题项	平均值	标准差	题项 – 总体相关系数	Cronbach's α 系数
了解程度	Q21	3.753	1.295	0.854	0.943
	Q22	3.785	1.247	0.847	
	Q23	3.755	1.323	0.897	
	Q24	3.753	1.316	0.854	

满意程度变量 Cronbach's α 系数的值为 0.943，题项 Q11 与总体相关系数为 0.878，题项 Q12 与总体相关系数为 0.846，题项 Q13 与总体相关系数为 0.853，题项 Q14 与总体相关系数为 0.877；了解程度变量 Cronbach's α 系数的值为 0.943，题项 Q21 与总体相关系数为 0.854，题项 Q22 与总体相关系数为 0.847，题项 Q23 与总体相关系数为 0.897，题项 Q24 与总体相关系数为 0.854。由此说明变量具有很高的信度。因此满意程度和了解程度量表的信度很高。题项 Q11 的平均值为 4.009，标准差为 1.289；题项 Q12 的平均值为 4.025，标准差为 1.343；题项 Q13 的平均值为 4.032，标准差为 1.325；题项 Q14 的平均值为 4.039，标准差为 1.352。从各题项的平均值来看，农户对国家粮食财政直接补贴实施的满意度较高。题项 Q21 的平均值为 3.753，标准差为 1.295；题项 Q22 的平均值为 3.785，标准差为 1.247；题项 Q23 的平均值为 3.755，标准差为 1.323；题项 Q24 的平均值为 3.753，标准差为 1.316。从各题项的平均值来看，农户对国家粮食财政直接补贴实施的了解度较低。

满意度、了解度的验证性因子分析测量模型见图 7 – 2，从题项 Q11、Q12、Q13、Q14 中提取出满意度因子，从题项 Q21、Q22、Q23、Q24 中提取出了解度因子，模型拟合结果见表 7 – 22。

由表 7 – 22 可知，模型拟合度指标：χ^2 值等于 77.608，自由度为 19，χ^2/df 值为 4.085，小于 5；RMSEA 的值为 0.084，小于

0.1；CFI、NFI、GFI、TLI 的值均高于 0.9；各变量的路径系数均在 0.001 的水平下显著。由此说明模型拥有比较良好的拟合效果。因子结构通过了验证，对满意度、了解度 2 个变量的划分是合理的。

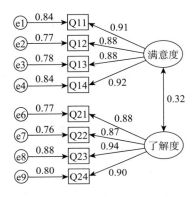

图 7 - 2　满意度、了解度测量模型

表 7 - 22　满意度、了解度测量模型拟合结果 （$N = 437$）

路径			非标准化路径系数	标准化路径系数	S. E.	C. R.	p
Q11	< - - -	满意度	1	0.914			
Q12	< - - -	满意度	1	0.877	0.036	28.084	***
Q13	< - - -	满意度	0.994	0.884	0.035	28.626	***
Q14	< - - -	满意度	1.05	0.916	0.034	31.316	***
Q21	< - - -	了解度	1	0.878			
Q22	< - - -	了解度	0.957	0.873	0.037	25.646	***
Q23	< - - -	了解度	1.093	0.940	0.036	29.967	***
Q24	< - - -	了解度	1.038	0.896	0.038	27.114	***
	χ^2	77.608		RMSEA	0.084	CFI	0.982
	自由度	19		NFI	0.977	GFI	0.959
	χ^2/df	4.085		TLI	0.974		

注：*** 表示显著性水平 <0.001。

（二）种粮积极性验证性因子分析

首先，我们对生产行为、决策行为 2 个变量的信度进一步分析，其结果可见表 7 - 23。

表 7 - 23　积极性的信度检验（$N = 437$）

变量名称	题项	平均值	标准差	题项 - 总体相关系数	Cronbach's α 系数
生产行为	Q31	4.080	1.326	0.851	0.938
	Q32	4.037	1.323	0.913	
	Q33	4.082	1.326	0.849	
决策行为	Q41	4.128	1.314	0.852	0.925
	Q42	4.130	1.302	0.805	
	Q43	4.119	1.289	0.819	
	Q44	4.098	1.296	0.829	

生产行为变量 Cronbach's α 系数的值为 0.938，题项 Q31 与总体相关系数为 0.851，题项 Q32 与总体相关系数为 0.913，题项 Q33 与总体相关系数为 0.849；决策行为变量 Cronbach's α 系数的值为 0.925，题项 Q41 与总体相关系数为 0.852，题项 Q42 与总体相关系数为 0.805，题项 Q43 与总体相关系数为 0.819，题项 Q44 与总体相关系数为 0.829。由此说明变量具有很高的信度。因此生产行为和决策行为量表的信度很高。题项 Q31 的平均值为 4.080，标准差为 1.326；题项 Q32 的平均值为 4.037，标准差为 1.323；题项 Q33 的平均值为 4.082，标准差为 1.326。从各题项的平均值来看，农户生产行为的积极性是比较高的。题项 Q41 的平均值为 4.128，标准差为 1.314；题项 Q42 的平均值为 4.130，标准差为 1.302；题项 Q43 的平均值为 4.119，标准差为 1.289；题项 Q44 的平均值为 4.098，标准差为 1.296。从各题项的平均值来看，农户决策行为的积极性也是比较高的。

生产行为、决策行为的验证性因子分析测量模型见图 7 – 3，
从题项 Q31、Q32、Q33 中提取出生产行为因子，从题项 Q41、
Q42、Q43、Q44 中提取出决策行为因子，从生产行为、决策行为
两个一阶因子中提取出种粮积极性二阶因子，模型拟合结果见表
7 – 24。

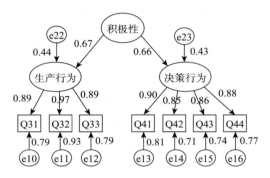

图 7 – 3   积极性测量模型

表 7 – 24   积极性测量模型拟合结果 （N = 437）

路径			非标准化路径系数	标准化路径系数	S. E.	C. R.	p
Q31	< - - -	生产行为	1	0.888			
Q32	< - - -	生产行为	1.09	0.97	0.034	32.376	***
Q33	< - - -	生产行为	0.998	0.886	0.036	27.507	***
Q41	< - - -	决策行为	1	0.899			
Q42	< - - -	决策行为	0.931	0.845	0.038	24.336	***
Q43	< - - -	决策行为	0.936	0.859	0.037	25.137	***
Q44	< - - -	决策行为	0.961	0.876	0.037	26.161	***
	χ^2	42.832		RMSEA	0.073	CFI	0.989
	自由度	13		NFI	0.984	GFI	0.973
	χ^2/df	3.295		TLI	0.982		

注：＊＊＊表示显著性水平 < 0.001。

由表 7 – 24 可知，模型拟合度指标：χ^2 值等于 42.832，自由

度为 13，χ^2/df 值为 3.295，小于 5；RMSEA 的值为 0.073，小于 0.1；CFI、NFI、GFI、TLI 的值均高于 0.9；各变量的路径系数均在 0.001 的水平下显著。由此说明模型具有良好的拟合效果。建立的因子结构通过了验证，对二阶因子结构的划分是合理的。

（三）粮食安全验证性因子分析

首先，我们对粮食安全变量的信度情况做分析，结果见表 7 - 25。

表 7 - 25　粮食安全的信度检验 （N = 437）

变量名称	题项	平均值	标准差	题项 - 总体相关系数	Cronbach's α 系数
粮食安全	Q51	4.247	1.406	0.862	0.939
	Q52	4.172	1.395	0.882	
	Q53	4.178	1.377	0.872	

粮食安全变量 Cronbach's α 系数的值为 0.939，题项 Q51 与总体相关系数为 0.862，题项 Q52 与总体相关系数为 0.882，题项 Q53 与总体相关系数为 0.872，说明变量具有很高的信度。题项 Q51 的平均值为 4.247，标准差为 1.406；题项 Q52 的平均值为 4.172，标准差为 1.395；题项 Q53 的平均值为 4.178，标准差为 1.377。从各题项的平均值来看，粮食安全性总体上较高。

粮食安全的验证性因子分析测量模型见图 7 - 4，从题项 Q51、Q52、Q53 中提取出粮食安全因子，模型拟合结果见表 7 - 26。

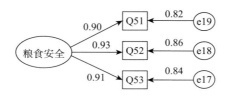

图 7 - 4　粮食安全测量模型

表 7 – 26　粮食安全测量模型拟合结果 （$N = 437$）

路径			非标准化路径系数	标准化路径系数	S. E.	C. R.	p
Q51	< – – –	粮食安全	1	0.900			
Q52	< – – –	粮食安全	1.024	0.929	0.034	30.412	＊＊＊
Q53	< – – –	粮食安全	0.995	0.914	0.034	29.507	＊＊＊

注：＊＊＊表示显著性水平 < 0.001。

该模型属于恰好识别模型。

六　结构方程模型检验

通过本章第五节的探索性与验证性因子分析，表明所建立的模型符合要求，因此满足使用结构方程模型进行分析的条件，下面采用结构方程模型分析粮食直接补贴对粮食安全的影响。

（一）　数据初步分析

结构方程模型的估计方法采用最大似然法，应满足最低样本容量要求，一般认为样本数量应该有 100 ~ 150 个 （Ding et al.，1995）。本书进行结构方程模型估计共有 437 个样本，因此样本量要求得到满足。运用最大似然法进行结构方程模型的估计，需要样本满足正态分布的要求。通常，假如样本的中位数和中值接近，偏度低于 2 和峰度低于 5 都得到满足，即可以认定样本满足正态分布要求 （Ghiselli et al.，1981）。本书使用 SPSS 22.0 进行调查数据的偏度和峰度检验，结果正态分布的要求是满足的，从而运用结构方程模型进行分析的要求均满足。在进行结构方程模型分析之前，我们首先分析满意度、了解度、生产行为、决策行为和粮食安全之间的相关性，结果如表 7 – 27 所示。

表 7 - 27　粮食安全测量模型相关性分析 （$N = 437$）

变量	平均值	标准差	满意度	了解度	生产行为	决策行为
满意度	4.026	1.226				
了解度	3.761	1.197	0.303 **			
生产行为	4.066	1.249	0.439 **	0.424 **		
决策行为	4.119	1.175	0.455 **	0.372 **	0.429 **	
粮食安全	4.199	1.314	0.652 **	0.516 **	0.499 **	0.475 **

注：** 表示在置信度 （双测） 为 0.01 时，相关性是显著的。

由表 7 - 27 可知，满意度变量的平均值为 4.026，标准差为 1.226，因此农户对粮食直补政策的满意度较高；了解度变量的平均值为 3.761，标准差为 1.197，因此农户对粮食直补政策的了解度较低；生产行为变量的平均值为 4.066，标准差为 1.249，因此粮食直补政策对农户的生产行为积极性有所提升；决策行为变量的平均值为 4.119，标准差为 1.175，因此粮食直补政策对农户的决策行为积极性有所提升；粮食安全变量的平均值为 4.199，标准差为 1.314，因此粮食直补政策对粮食安全有较大提升。满意度、了解度、生产行为、决策行为和粮食安全均在 0.01 的水平下显著相关。

（二） 模型构建

根据国家粮食财政直接补贴政策实施对粮食安全的作用机制，我们构建如图 7 - 5 的结构方程模型，该模型共设置 8 个外生显变量 （您对粮食直补发放依据的满意度、您对粮食直补标准的满意度、您对粮食直补支付方式的满意度、您对粮食直补发放时间的满意度、您对粮食直接补贴的了解度、您对农业生产资料增支综合直接补贴的了解度、您对良种补贴的了解度、您对农机购置补贴的了解度） 来测量 2 个潜变量 （满意度、了解度），设置 7 个显变量 （愿意减少外出打工时间、愿意在粮食生产上投入更多的劳动力、愿意花更多的时间在粮食生产上、愿意增加种植面积、愿意投入更多的生产资料、更多地选择良种进行种植、愿意购置农机进行粮食生产)来测量 2 个潜变量(生产行为、决策行为),设置 3 个显变量(粮食产量得到了提高、粮食质量有所提升、粮食的种植结构明显改善)来测量 1 个潜变量(粮食安全)。下面我们分析国家粮食财政直补政策的实施对粮食安全的影响。

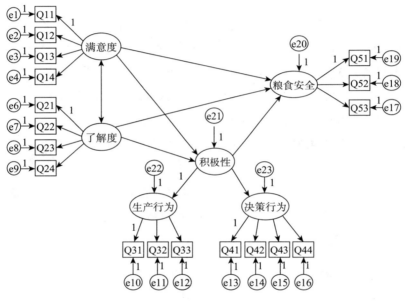

图 7 - 5 结构方程模型

(三) 模型的拟合结果

结构方程模型拟合结果如表 7 - 28 所示,χ^2 值为 504.560,自由度为 127,χ^2/df 值为 3.973,小于 5;RMSEA 值为 0.083,小于 0.1;CFI、NFI、GFI、TLI 的值均大于或等于 0.9。由此说明设定的模型具备良好的拟合效果,模型的设定是合理的。

表 7 - 28 粮食安全测量模型拟合结果 ($N = 437$)

路径			非标准化路径系数	标准化路径系数	S. E.	C. R.	p
积极性	< - - -	满意度	0.381	0.568	0.042	9.137	***
积极性	< - - -	了解度	0.310	0.446	0.041	7.501	***
生产行为	< - - -	积极性	1.000	0.667			
决策行为	< - - -	积极性	0.987	0.659	0.100	9.891	***
粮食安全	< - - -	满意度	0.360	0.333	0.095	3.777	***
粮食安全	< - - -	了解度	0.206	0.184	0.082	2.520	0.012
粮食安全	< - - -	积极性	0.675	0.418	0.226	2.993	0.003
χ^2	504.560			RMSEA	0.083	CFI	0.953
自由度	127			NFI	0.938	GFI	0.900
χ^2/df	3.973			TLI	0.943		

注：* 代表 $p < 0.05$，** 代表 $p < 0.01$，*** 代表 $p < 0.001$。

由表 7 - 28 可知，满意度在 0.001 的水平下显著正向影响积极性，标准化路径系数达到 0.568，假设 H1 通过验证；了解度在 0.001 的水平下显著正向影响积极性，标准化路径系数达到 0.446，假设 H2 通过验证。由此说明农户对粮食直接补贴政策的满意度对积极性的影响要大于了解度对积极性的影响，达到提高农户的生产积极性的目的，政府应采取措施提高农户对粮食直接补贴政策的满意度与了解度，重点应提升农户的满意度。满意度在 0.001 的水平下显著正向影响粮食安全，标准化路径系数达到 0.333，假设 H3 通过验证；了解度在 0.05 的水平下显著正向影响粮食安全，标准化路径系数达到 0.184，假设 H4 通过验证。由此说明农户对粮食直接补贴政策的满意度对粮食安全的影响要大于了解度对粮食安全的影响，达到提升粮食安全保障水平的目的，政府应采取措施提高农户对粮食直接补贴政策的满意度与了解度，重点应提升农户的满意度。积极性在 0.01 的水平下显著正向影响粮食安全，标准化路径系数达到 0.418，假设 H5 通过验证。

模型运行结果见图 7 – 6。

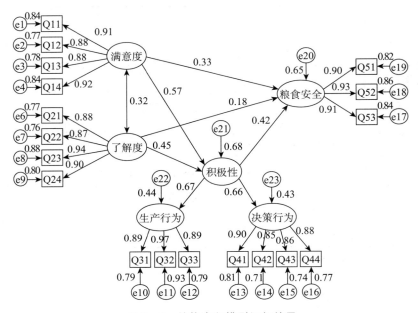

图 7 – 6　结构方程模型运行结果

（四）中介效应分析

从图 7 – 6 可以看出，满意度直接影响粮食安全，满意度也通过影响积极性间接影响粮食安全，因此种粮积极性在满意度与粮食安全之间可能起中介作用，需要进一步检验；同样，了解度直接影响粮食安全，了解度也通过影响积极性间接影响粮食安全，因此种粮积极性在了解度与粮食安全之间可能起中介作用，也需要进一步检验。本书选取了以下三种常用方法来进行检验该效应，分别为模型效应分解法、系数乘积检验法、Bootstrapping 方法。

1. 模型效应分解法

首先采用模型效应分解法，进行中介效应检验，对了解度、满意度、积极性和粮食安全之间的影响效应进行分解，模型效应分解得到的结果如表 7 - 29 所示。

表 7 - 29 模型效应分析

效应类型	结果变量	了解度	满意度	积极性
总效应	积极性	0.310	0.381	0.000
	粮食安全	0.415	0.617	0.675
直接效应	积极性	0.310	0.381	0.000
	粮食安全	0.206	0.360	0.675
间接效应	积极性	0.000	0.000	0.000
	粮食安全	0.209	0.257	0.000

表 7 - 29 反映了结构方程模型的总效应、直接与间接效应，直接效应通常指的是建立的自变量对所要分析的因变量产生的直接影响，模型的间接效应通常指的是自变量经过建立的中介变量对所要分析的因变量产生的影响，直接加上间接效应的总和即为总效应。

由表 7 - 29 可知，了解度对粮食安全的总效应为 0.415，直接效应为 0.206，间接效应为 0.209，因此农户对国家粮食财政直接补贴政策实施的了解程度不但可以对粮食安全产生直接影响，还可以通过正向影响种粮农户的生产积极性从而进一步正向影响粮食安全。满意度对粮食安全的总效应为 0.617，直接效应为 0.360，间接效应为 0.257，因此农户对国家粮食财政直接补贴政策实施的满意程度不但可以对粮食安全产生直接影响，还可以通过正向影响种粮农户的生产积极性从而进一步正向影响粮食安全。因此从模型效应分解角度看，种粮积极性在满意度与粮食安全之间起到中介作用；同时，农户的种粮积极性在了解度与粮食安全之间起到中介作用。

2. 系数乘积检验法

图 7 - 7 中自变量为 X，因变量为 Y，中介变量为 M。变量之

间的关系为:

$$Y = cX + \varepsilon_1 \qquad\qquad (7.1)$$

$$M = \beta_2 + aX + \varepsilon_2 \qquad\qquad (7.2)$$

$$Y = \beta_3 + c'X + bM + \varepsilon_3 \qquad\qquad (7.3)$$

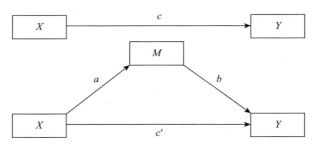

图 7 – 7　中介变量示意

　　检验中介效应是否存在的系数乘积检验法，即检验 H_0： $ab = 0$，是否成立，也即检验 a 和 b 的乘积是否显著异于 0。最常用的检验方法为 Sobel 检验法，设 s_a、s_b 分别为系数 a 和 b 的标准误，令 $s_{ab} = \sqrt{a^2 s_b^2 + b^2 s_a^2}$，检验统计量 $z = ab/s_{ab}$。假定 z 值比 1.96 要大，则表明模型中介效应存在，否则就表明模型中介效应不存在（温忠麟等，2004）。在结构方程模型中并不需要做两次回归，a 和 b 的系数以及它们的标准误在输出结果中都存在，因此直接通过计算获得 z 值，在计算时通常采用非标准化的路径系数。

　　由表 7 – 28 可知，满意度→积极性的非标准化路径系数达到 0.381，标准误是 0.042；积极性→粮食安全的非标准化路径系数达到 0.675，标准误是 0.226。通过计算可以得出 z 值为 2.837 > 1.96，因此积极性的中介效应存在，农户的满意度通过影响种粮积极性，进而影响粮食安全。

　　由表 7 – 28 可知，了解度→积极性的非标准化路径系数达到 0.310，标准误是 0.041；积极性→粮食安全的非标准化路径系数达到 0.675，标准误是 0.226。通过计算可以得出 z 值为 2.778 >

1.96，因此积极性的中介效应存在，农户对种粮补贴的了解度通过影响种粮积极性，进而影响粮食安全。

3. Bootstrapping 方法

采用 Bootstrapping 方法来验证中介效应。Bootstrapping 方法的运用是与正态分布知识相结合的，它不依赖于对数据的正态分布要求。该方法在确定了一定样本数量之后，在总体中进行有放回的反复抽取，经过一定抽选次数之后，对抽样结果进行数据统计分析，并根据分析结果来最终估计相应的参数。采用 Bootstrapping 方法能够很好地对样本进行分析，且有放回的反复抽取还可以提高样本对总体的代表性，其估计的结果也就更可信。通过前期文献的模拟研究进一步发现，与其他中介效应的检验方式相比较，Bootstrapping 具有更高的统计效力（方杰等，2011）。

本书采用 AMOS 中的 Bootstrapping 方法来验证中介效应，具体操作步骤如下：选择抽样 2000 次，置信区间选择 95%；若间接效应结果得到的高低区间之间包括了 0，则表明模型中介效应并不存在；若间接效应结果得到的高低区间之间不包括 0，则表明模型中介效应是存在的。本节通过整理 AMOS 的输出结果，可以得到中介变量报告，见表 7 - 30。

表 7 - 30　中介变量报告

路径	Bootstrapping			
	Bias-Corrected 95% CI		Percentile 95% CI	
	Lower	Upper	Lower	Upper
总效应				
满意度→粮食安全	0.538	0.704	0.538	0.704
间接效应				
满意度→粮食安全	0.105	0.509	0.119	0.538
直接效应				
满意度→粮食安全	0.096	0.535	0.051	0.522

续表

路径	Bootstrapping			
	Bias-Corrected 95% CI		Percentile 95% CI	
	Lower	Upper	Lower	Upper
总效应				
了解度→粮食安全	0.319	0.501	0.325	0.502
间接效应				
了解度→粮食安全	0.083	0.425	0.091	0.475
直接效应				
了解度→粮食安全	-0.025	0.362	-0.067	0.346

农户对国家粮食财政直接补贴政策实施的满意度对粮食安全的间接影响，无论是采用 Bias-Corrected 方法还是采用 Percentile 方法，运用 Bootstrapping 方法得到的结果高低区间之间都不包括 0，因此中介效应是存在的；了解度对粮食安全的间接影响，无论是采用 Bias-Corrected 方法还是采用 Percentile 方法，运用 Bootstrapping 方法得到的高低区间之间都不包含 0，因此中介效应存在。

综上，运用三种方法对中介效应进行验证，种粮积极性在满意度与粮食安全之间起中介作用，假设 H6 得到验证；种粮积极性在了解度与粮食安全之间起中介作用，假设 H7 得到验证。

七　讨论与分析

（一）满意度与种粮积极性的关系分析

实证结果表明，农户对粮食直接补贴政策的满意度显著正向影响种粮积极性，"积极性＜－－－满意度"的标准化路径系数为 0.568（p＜0.001），表明满意度对种粮积极性的影响显著，农户对粮食直接补贴政策的满意度的提升有利于种粮积极性的提高。为了提高农户的种粮积极性，可以通过提高满意度来实现，而满意度又分为对粮食直补发放依据的满意度、对粮食直补标准的满意度、对粮食直补支付方式的满意度、对粮食直补发放时间的满意度四个方面。为了提高满意度，在粮食直补发放依据方面要从种粮农户的角度出发，充分考虑种粮的实际情况；在粮食直补标准制定方面，应尽量提高政策的补贴标准；在粮食直补的支付方式方面，要从方便农户的角度出发；在粮食直补发放时间方面，缩短审批流程，使农户能尽早拿到粮食直补资金。

（二）　了解度与种粮积极性的关系分析

实证结果表明，农户对粮食直接补贴政策的了解度显著正向影响种粮积极性，"积极性＜－－－了解度"的标准化路径系数为 0.446（p < 0.001），表明了解度对种粮积极性的影响显著，农户对粮食直接补贴政策的了解度的提升有利于种粮积极性进一步提高。为了提高农户种粮积极性，可以通过提高了解度来实现，而了解度又分为对粮食直接补贴的了解程度、对农业生产资料增支综合直接补贴的了解程度、对良种补贴的了解程度、对农机购置补贴的了解程度四个方面。为了提高农户对国家粮食财政直接补贴政策实施的了解，政府应进一步加大政策的宣传力度，使农户对粮食直接补贴、生产资料增支综合直接补贴、良种补贴、农机购置补贴深入了解。

（三）　满意度与粮食安全的关系分析

实证结果表明，农户对粮食直接补贴政策的满意度显著正向影响粮食安全，"粮食安全＜－－－满意度"的标准化路径系数为 0.333（p < 0.001），表明满意度对粮食安全的影响显著，农户对国家粮食直接补贴政策实施的满意度提升有利于提升粮食安全性。为使粮食安全性得以提升，可以通过提升农户满意度来实

现。可以说农户对国家粮食财政直接补贴政策实施的满意度，直接影响着粮食安全，国家应对农户满意度引起高度重视。

（四） 了解度与粮食安全的关系分析

实证结果表明，农户对粮食直接补贴政策的了解度显著正向影响粮食安全，"粮食安全 < − − −了解度"的标准化路径系数为 0.184（$p < 0.05$），表明了解度对粮食安全的影响显著，农户对国家粮食财政直接补贴政策实施的了解度提升有利于提升粮食安全。为了提升粮食安全性，可以通过提高了解度来实现。可以说农户对国家粮食财政直接补贴政策实施的了解度，直接影响着粮食安全，提升农户的了解度意义重大。

（五） 积极性与粮食安全的关系分析

实证结果表明，农户的积极性显著正向影响粮食安全，"粮食安全 < − − −积极性"的标准化路径系数为 0.418（$p < 0.01$），表明积极性对粮食安全提升的影响显著，农户积极性的提高有利于提升粮食安全性。为了促进粮食安全性进一步提升，可以通过提高农户积极性来实现。可以说农户种粮积极性直接关系着粮食安全，我们制定粮食直补政策应从提高农户的种粮积极性出发。

（六） 满意度对粮食安全的作用机制分析

"积极性 < − − −满意度"的标准化路径系数为 0.568（$p < 0.001$），表明满意度对种粮积极性存在显著正向影响，满意度提升有利于提高种粮积极性。"粮食安全 < − − −积极性"的标准化路径系数为 0.418（$p < 0.01$），表明种粮积极性对粮食安全存在显著正向影响，种粮积极性的提高有利于提升粮食安全性。根据本章第六节的分析，种粮积极性在满意度与粮食安全之间起中

介作用，满意度不仅直接影响粮食安全，还通过种粮积极性这个中介因子间接影响粮食安全。

（七）了解度对粮食安全的作用机制分析

"积极性＜－－－了解度"的标准化路径系数为 0.446 （p < 0.001），表明了解度对种粮积极性存在显著正向影响，了解度提升有利于提高种粮积极性。"粮食安全＜－－－积极性"的标准化路径系数为 0.418 （p < 0.01），表明种粮积极性对粮食安全存在显著正向影响，种粮积极性的提高有利于提升粮食安全性。根据本章第六节的分析，种粮积极性在了解度与粮食安全之间起中介作用，了解度不仅直接影响粮食安全，还通过种粮积极性这个中介因子间接影响粮食安全。

综上所述，本书提出的假设得到了验证，验证结果如表 7 - 31 所示。

表 7 - 31　验证结果报告

序号	假设描述	验证情况
H1	农户对粮食直接补贴政策实施的满意程度显著正向影响种粮积极性	通过
H2	农户对粮食直接补贴政策的了解程度显著正向影响种粮积极性	通过
H3	农户对粮食直接补贴政策实施的满意程度显著正向影响粮食安全	通过
H4	农户对粮食直接补贴政策的了解程度显著正向影响粮食安全	通过
H5	农户的种粮积极性显著正向影响粮食安全	通过
H6	种粮积极性在满意度与粮食安全之间起中介作用	通过
H7	种粮积极性在了解度与粮食安全之间起中介作用	通过

八　本章小结

本章对粮食直接补贴政策影响粮食安全的作用路径进行了深入分析，探讨了满意度、了解度、种粮积极性与粮食安全之间的关系，综合运用了探索性、验证性因子分析和结构方程模型等方法进行分析，设计了满意度、了解度、生产行为、决策行为、粮食安全等变量的量表，并通过了信度检验、效度检验，则设定的模型是合理的。

运用结构方程模型验证了提出的假设，农户对粮食直接补贴政策实施的满意程度显著正向影响种粮积极性；农户对国家粮食财政直接补贴政策实施的了解程度显著正向影响种粮积极性；农户对粮食财政直接补贴政策实施的满意程度显著正向影响粮食安全；农户对国家粮食财政直接补贴政策实施的了解程度显著正向影响粮食安全；农户的种粮积极性显著正向影响粮食安全；种粮积极性在满意度与粮食安全之间起中介作用；种粮积极性在了解度与粮食安全之间起中介作用。

第八章
结论及政策建议

本书对陕西省粮食财政直接补贴政策的实施效果开展了研究，通过理论分析和实证研究的方式，运用多元有序 Logit 回归模型分析了陕西省粮食财政直接补贴政策实施后的农户满意度与其受到的影响因素，采用 AHP 法（层次分析法）对陕西省粮食直接补贴政策绩效进行了分析，对陕西省粮食直接补贴政策实施的粮食安全效应进行了分析，采用结构方程模型分析了粮食直接补贴政策对粮食安全的影响路径。

一　主要结论

1. 农户对粮食补贴政策的满意度较高

本书通过对陕西省的农户实地调研获得的 537 份有效样本进行分析，发现对粮食补贴政策一般、比较满意、满意、非常满意的农户有 409 人，占总样本数的 76.16%，因此，农户对粮食直接补贴政策的满意度是比较高的，粮食直接补贴政策的实施达到了较好效果。

2. 农户对粮食补贴政策满意度受多种因素影响

（1）总收入中种粮收入占主要部分的家庭满意度较高。种粮收入占家庭总收入的百分比对粮食直接补贴政策的满意度存在显著正向影响，即种粮收入占比越高的农户满意度越高，种粮收入占比越高的农户对种粮收入的依赖性越高，对种粮带来的收入变化更加敏感，粮食直接补贴收入对这部分农户的影响更大，满意度水平更高。

（2）种植面积越大的农户对政策的满意度越高。由此可见，种植面积对于满意度有显著正向的影响，即粮食种植面积越多的农户满意度越高，粮食种植面积越多，能够获得的粮食补贴收入就越多，受良种补贴、农资综合补贴、农机具购置补贴带来的收入就越多，因此满意度水平更高。

（3）年龄越大的农户满意度越高。年龄越大的农户外出打工的机会越少，且其工作技能偏少，更有可能选择在家务农，因此他们对粮食直补政策的满意度更高。

（4）学历较低的农户满意度较高。学历低的农户工作可选择的余地较少，更多地从事粮食生产，对种粮收入的依赖性更高，因此对粮食补贴政策的满意度越高。

（5）没有一技之长的农户满意度较高。除种粮外没有一技之长的农户相比有一技之长的农户满意度水平显著提高，除种粮外没有一技之长的农户，家庭收入主要靠种粮，而有一技之长的农户在种粮收入外，还可以通过技能赚取收入，有些农户通过技能赚得的收入可能远高于种粮收入，因此这部分农户对粮食直接补贴政策的满意度较低。

（6）外出打工不方便的农户满意度较高。外出打工不方便的农户相比外出打工方便的农户满意度水平显著提高，外出打工不方便的农户，主要靠种粮带来家庭收入，而外出打工方便的农户，还可以通过外出打工赚取收入，有些农户通过外出打工赚得的收入可能远高于种粮收入，因此外出打工不方便的农户对粮食直接补贴政策的满意度较高。

（7）没有种植非粮食经济作物的农户满意度较高。没有种植非粮食经济作物的农户相比种植了非粮食经济作物的农户满意度水平显著提高，没有种植非粮食经济作物的农户，对种粮带来的收入更加关注和敏感，种粮补贴对这部分农户的影响更大，因此没有种植非粮食经济作物的农户对粮食直接补贴政策的满意度较高。

（8）容易遭受旱涝等自然灾害的农户满意度较高。不容易遭受旱涝等自然灾害的农户相比容易遭受旱涝等自然灾害的农户满意度水平显著降低，容易遭受旱涝等自然灾害的农户，种植粮食的风险较大，更多地会选择采用良种进行种植，在农资方面的投入也更大，粮食直接补贴政策的受益也更多，因此容易遭受旱涝等自然灾害的农户对粮食直接补贴政策的满意度较高。

（9）对粮食直接补贴政策的了解度高的农户满意度较高。对粮食直接补贴政策的了解度越低，对政策的满意度越低。对政策的了解度低，就不知道各项补贴的标准和获得的补助收入，甚至不了解开展这项政策的目的，因此满意度水平较低。

（10）了解政府进行粮食直接补贴目的的农户满意度较高。不了解政府进行粮食直接补贴目的的农户相比了解政府进行粮食直接补贴目的的农户满意度水平显著降低，不了解政府进行粮食直接补贴目的的农户，不清楚政府为何要开展该项政策，有小部分农户可能觉得该项政策可有可无，因此不了解政府进行粮食直接补贴目的的农户对粮食直接补贴政策的满意度较低。

（11）政府开展了粮食直接补贴政策宣传的农户满意度较高。政府没有对粮食直接补贴政策开展宣传的农户相比开展了粮食直接补贴政策宣传的农户满意度水平显著降低，政府对于政策的宣传力度不够，导致农户对于政策没有深入了解，所以没有进行宣传的地区农户对政策满意度明显比较低。

（12）注意过有关公示信息的农户满意度较高。没有注意过粮食直接补贴政策有关公示信息的农户相比注意过有关公示信息的农户满意度水平显著降低，没有注意过粮食直接补贴政策有关公示信息的农户，一方面对该项政策不关心，另一方面对该项政策的公信力可能存在一定程度的质疑，因此没有注意过粮食直接补贴政策有关公示信息的农户对粮食直接补贴政策的满意度较低。

3. 粮食财政直接补贴政策提升了粮食生产绩效

粮食生产的直接补贴政策可谓全面挽救了农业绩效一直下滑的局面。陕西省在实行粮食财政直接补贴政策之前，粮食总产量、粮食人均产量、粮食生产规模、农业生产条件4个一级指标绩效和总绩效总体呈下降趋势，农业产值指标绩效变化并不明显；在实行了粮食财政直接补贴政策之后，粮食总产量、粮食人均产量、粮食生产规模、农业产值、农业生产条件5个一级指标绩效和总绩效总体上呈现上升趋势，特别是农业产值指标绩效出现明显的上升趋势，并且绩效连年提升。实行粮食直补政策前，粮食种植面积连年下降；实行粮食直补政策后，粮食种植面积才开始有所回升。

粮食生产规模绩效虽结束了连年下降的趋势，但与政策实行前相比未明显提升。与实行粮食财政直接补贴政策前相比，在实行了粮食财政直接补贴政策之后，粮食总产量、粮食人均产量、农业产值、农业生产条件4个一级指标绩效和总绩效有了较大提升；但粮食生产规模绩效与实行直补政策前相比，并没有出现明显变化，这主要是因为我国的耕地面积有限，虽然农民想更多地种植粮食，但没有多余的耕地可种。

粮食直补政策改善了恶劣的生产环境，提高了粮食生产的效率。近年粮食生产规模绩效仅回到实行粮食直补政策前的水平，但同时粮食总产量和粮食人均产量绩效出现了明显提高，说明虽然受耕地面积限制，但粮食生产效率有所提高，粮食单位面积产量提升较多，实行粮食直补政策后，农民更多地采用了良种进行种植，化肥等农资的投入也有大幅增长。农业生产条件绩效在实行了粮食财政直补政策后，出现了持续增长，说明农机具购置补贴有效提升了农业机械化水平，农户更多地选择了农机进行种植，改善了农业生产条件，进一步提高了农业生产效率。

4. 陕西省的粮食直补政策绩效处于全国中等水平

根据各地粮食直补政策绩效排名结果，我们可以把各地粮食直补政策绩效分为以下三类：第一类是绩效较高的地区，它们分别是黑龙江、河南、山东、吉林、内蒙古、四川、江苏、安徽、河北、湖南；第二类是绩效水平中等的地区，它们分别是湖北、云南、新疆、江西、重庆、辽宁、甘肃、广西、贵州、广东、陕西；第三类是绩效水平较低的地区，它们分别是浙江、山西、福建、宁夏、海南、上海、西藏、天津、青海、北京。可以看出，粮食直补政策绩效水平较高的地区集中在中西部，其农业资源具有较高的禀赋，基本上为农业大省；绩效水平较低的地区分为两类，一类是浙江、上海、天津、北京等经济发达的地区，另一类是海南、西藏、青海等农业资源禀赋较差的地区。粮食直补政策绩效不仅受到各地农业资源禀赋的影响，同时也受经济发展水平的影响，那些拥有较好的农业资源禀赋和生产条件的地区粮食直补政策的绩效水平较高。经济发达地区由于较多的土地被用于发展经济，因此粮食直补政策绩效难以体现。

5. 粮食直接补贴政策提升了粮食数量安全效应

通过陕西、山西、黑龙江、上海、山东、河南、甘肃和全国2000～2014年粮食生产有关数据进行分析，我们发现粮食总产量总体在提升，在实行粮食财政直接补贴政策之前，粮食总产量总体呈下降趋势，实行粮食直补政策之后，粮食总产量和谷物类粮食总产量开始稳步提升。粮食播种面积不断扩大，在实行粮食财政直接补贴政策之前，粮食作物播种面积总体呈下降趋势，实行粮食直补政策之后，粮食作物播种面积开始稳步回升。粮食单位面积产量不断提升，在实行粮食财政直接补贴政策之前，谷物类粮食单位面积产量增长较慢，实行粮食直补政策之后，谷物类粮食单位面积产量开始出现较大增长。

6. 粮食直接补贴政策提升了粮食质量安全效应

良种投入增加，通过对陕西省 6 个县的农户调查获得的 537 份问卷数据进行分析可知，大多数农户在粮食直补政策实行后，更多地选择了良种进行种植，提高了良种的使用率，促进了粮食质量安全。农户粮食种植要素投入得到改善，通过分析陕西、山西、黑龙江、上海、山东、河南、甘肃和全国 2000～2014 年的农用化肥施用量、农业机械总动力有关数据可知，在实行粮食财政直接补贴政策之前，化肥施用量增长比较缓慢，实行粮食直补政策之后，化肥施用量开始出现较大幅度增长；在实行粮食财政直接补贴政策之前，农业机械总动力增长比较缓慢，实行粮食直补政策之后，农业机械总动力开始出现大幅增长。

7. 粮食直接补贴政策对农户决策及行为产生积极影响

运用陕西省 6 个县的农户调查获得的 537 份问卷数据，我们从三个方面分析国家粮食财政直接补贴政策如何影响农户粮食种植决策，分别为愿意增加种植面积、愿意投入更多的生产资料、愿意购置农机进行粮食生产。研究结果发现，实行粮食直接补贴政策以后，愿意增加种植面积、愿意投入更多的生产资料和愿意购置农机进行粮食生产的农户占了大多数，所以国家的这项政策对于农民的决策有着至关重要的影响。我们从三个方面分析粮食直接补贴政策影响农户粮食种植行为，分别为愿意减少外出打工时间、愿意在粮食生产上投入更多的劳动力、愿意花更多的时间在粮食生产上。研究结果发现，实行粮食直接补贴政策以后，放弃进城打工，专心在家里从事农业生产劳动的农户有一大部分，所以国家粮食财政直接补贴措施对于留住农村劳动力还是有一定的积极作用的。

8. 粮食直接补贴政策影响粮食安全的路径分析

农户对国家粮食财政直接补贴政策实施的满意度和了解度都

对种粮积极性产生正向影响，满意度的影响要大于了解度的影响。我们运用结构方程模型分析了粮食直接补贴政策影响粮食安全的路径，结果表明，农户对粮食直补政策的满意度在 0.001 的水平下显著正向影响种粮积极性，标准化路径系数为 0.568；农户对粮食直补政策的了解度在 0.001 的水平下显著正向影响种粮积极性，标准化路径系数达到 0.446。

农户对国家粮食财政直接补贴政策的满意度和了解度都对粮食安全产生正向影响，满意度的影响要大于了解度的影响。满意度在 0.001 的置信水平下显著正向影响粮食安全，标准化路径系数达到 0.333；了解度在 0.05 的置信水平下显著正向影响粮食安全，标准化路径系数达到 0.184；

农户的种粮积极性正向影响粮食安全。种粮积极性在 0.01 的水平下显著正向影响粮食安全，标准化路径系数为 0.418。

农户的种粮积极性起中介作用。本书选取了以下三种常用方法来进行检验该效应，分别为模型效应分解法、系数乘积检验法、Bootstrapping 方法，三种方法的研究结果均表明，种粮积极性在满意度与粮食安全之间起中介作用，种粮积极性在了解度与粮食安全之间起中介作用。

二　政策建议

（1）对农户的满意度给予更多关注。本书通过调研发现，虽有 76.16% 的农户对国家粮食财政直接补贴政策的实施较满意，但同时说明有 23.84% 的农户对国家粮食财政直接补贴政策的实施并不满意，政府应对这部分农户给予更多关注。本书通过对粮食补贴政策实施的满意度可能受到的影响因素进行进一步分析发现，种粮收入占比高的农户对政策的满意度也较高，这部分农户大多拥有较多的粮食种植面积，提升粮食补贴标准，可以进一步提升他们的满意度。但对种粮收入占比低的农户来说，提升粮食补贴的标准，并不一定能提升他们的种粮收入，因为他们的粮食种植面积较少，对这部分农户需要提供更多的优惠政策，才能提升他们的满意度。

通过对粮食补贴政策实施的满意度可能受到的影响因素进行分析发现，年龄越大的农户满意度较高，这部分农户外出打工并不方便，因此更多地选择在家务农，提升粮食补贴标准，可以进一步提升他们的满意度。但对年龄较小的农户来说，外出打工很方便，提升粮食补贴的标准，并不一定能提升他们的种粮收入，因为他们更多地选择外出打工，对这部分农户需要加强政策宣传，提高他们的种粮积极性。

通过对粮食补贴政策的满意度影响因素进行分析发现，学历水平较低的农户满意度较高，这部分农户往往没有一技之长，更多地从事粮食生产，提升粮食补贴标准，可以进一步提升他们的满意度。但对学历水平较高的农户来说，拥有一技之长，他们的视野更开阔，可选择的余地更大，提升粮食补贴的标准，并不一定能提升种粮吸引力，对这部分农户需要加强政策宣传，转变他们的种粮观念，选择粮食种植一样可以致富。

通过对粮食补贴政策的满意度影响因素进行分析发现，没有种植非粮食经济作物的农户满意度较高，显然相比种植了粮食经济作物的农户，他们能更多地享受粮食直补政策带来的好处。要提升种植了非粮食经济作物的农户的满意度，除了提升粮食直补政策的补贴标准外，需进一步提高粮食最低收购价格，才能让他们选择种植粮食。

通过对粮食补贴政策的了解度影响因素进行分析发现，对政策了解度较高的农户满意度较高，反之对政策了解度比较低的农户满意度较低。为提升农户对粮食直补政策的满意度，需进一步提升他们对该项目政策的了解度，可以通过电视、报纸、广播、宣传标语等对粮食直补政策开展宣传，农户会了解政府进行粮食直接补贴的目的，对粮食直补政策的种类、申报流程、获得补贴农户的基本情况等有关信息进行公示，增加农户对政策的了解度，进一步增强政策的公信力。

（2）粮食直补政策的补贴标准亟待进一步提升。通过前文的研究发现，粮食直补政策虽扭转了粮食生产规模绩效下降的局面，但粮食种植面积相比政策实行前，并没有明显扩大，说明粮食直补政策的标准偏低，对促进粮食生产的作用有待进一步提高。按目前的补助标准，现行的补助金额已经不能够满足人们的要求，对于农户的积极性没有太大的提高作用，此时就应该及时上调标准。

（3）粮食直补政策应长期坚持。通过前文的研究，我们发现粮食直补政策改善了农业生产条件，促进了粮食生产效率的提高。良种补贴政策使农户更多地选择了良种进行种植，从而提升了粮食单产，促进了粮食产量的提高。农业生产资料增支综合直接补贴政策，增加了农户化肥、农药等生产要素的投入，使粮食生产抗风险的能力得到提升，保障了粮食增产。农机具购置补贴政策的实施，提升了农业机械化程度，明显提升了农业生产效率，促进了粮食产量的进一步提高。种粮直接补贴政策扭转了粮食种植面积缩小的局面，对稳定粮食产量意义重大。

（4）政府应想方设法提升农户的满意度。农户对国家粮食财政直接补贴政策实施的满意度对积极性的影响要大于了解度对积极性的影响。为提高农户的生产积极性，政府应采取措施提高农户对国家粮食财政直接补贴政策实施的满意度与了解度，重点应提升农户对国家粮食财政直接补贴政策实施的满意度。农户对于政策的满意度所起到的作用比了解度对于安全性的作用要大很多。为提升粮食安全保障水平，政府应采取措施提高农户对粮食直接补贴政策的满意度与了解度，重点应提升农户的满意度。

（5）粮食直补政策应注重提高农户的种粮积极性。农户的种粮积极性在满意度与粮食安全之间、了解度与粮食安全之间均起中介作用。为提升粮食安全，农户种粮积极性的提高意义重大，种粮积极性不仅直接影响粮食安全，还通过中介效应对粮食安全产生影响。除了需要调整补贴标准之外，还要大力进行宣传工作，对粮食直接补贴政策有关信息进行公示，提升政策的公信力。

三　进一步研究的方向

本书对陕西省粮食直接补贴政策的农户满意度、政策绩效、粮食安全效应和粮食安全影响路径进行了研究，还可以进一步研究陕西省农户收入的影响因素。被解释变量采用农户的收入，解释变量可以采用自然因素，包括农田的肥沃程度、作物的生长周期等，农户自身特征，包括学历、年龄等，还可以包括市场因素、科技因素等。

参考文献 ◀

方杰、张敏强、李晓鹏，2011，《中介效应的三类区间估计方法》，《心理科学进展》第 5 期。

顾和军，2008，《农民角色分化与农业补贴政策的收入分配效应》，《博士学位论文》，南京：南京农业大学。

郭云辉、王红蕾，2009，《粮食直接补贴对象的选择及其实证分析——以安徽省粮食补贴的实地调查为例》，《南京农业大学学报》第 9 期。

侯杰泰、温忠麟、成子娟，2004，《结构方程模型及其应用》，北京：教育科学出版社。

韩红梅，2013，《河南省粮食补贴政策效应研究：基于农户小麦种植微观数据》，博士学位论文，杨凌：西北农林科技大学。

霍增辉、吴海涛、丁士军，2015，《中部地区粮食补贴政策效应及其机制研究——来自湖北农户面板数据的经验证据》，《农业经济问题》第 6 期。

黄季焜、王晓兵、智华勇、黄珠容，2011，《粮食直补和农资综合补贴对农业生产的影响》，《农业技术经济》第 1 期。

胡岳岷、刘元胜，2013，《中国粮食安全：价值维度与战略选择》，《经济学家》第 5 期。

靳文学、杨建利，2011，《我国粮食直补结构的优化——基于单产提高的视角》,《宏观经济研究》第 11 期。

江喜林,2013,《基于农户模型的粮食补贴作用机理及效应分析——兼论"直补"模式的弊端》,《西北农林科技大学学报》第 13 期。

贾利军、杨静,2015,《农村劳动力弱化背景下我国粮食安全保障研究》,《中州学刊》第 2 期。

蒋和平、吴桢培,2009,《湖南省汨罗市实施粮食补贴政策的效果评价——基于农户调查资料分析》,《农业经济问题》第 11 期。

李怀祖,2004,《管理研究方法论》,西安:西安交通大学出版社。

黎东升、曾靖,2015,《经济新常态下我国粮食安全面临的挑战》,《农业经济问题》第 5 期。

刘克春,2010,《粮食生产补贴政策对农户粮食种植决策行为的影响与作用机理分析——以江西省为例》,《中国农村经济》第 5 期。

刘旗、刘培培,2013,《粮食直接补贴的增产效应——基于河南省面板数据的分析》,《经济经纬》第 3 期。

李韬,2014,《粮食补贴政策增强了农户种粮意愿吗?——基于农户的视角》,《中央财经大学学报》第 5 期。

吕新业、冀县卿,2013,《关于中国粮食安全问题的再思考》,《农业经济问题》第 9 期。

刘辉、李兰英,2008,《实现城乡社会和谐发展 确保粮食安全——财政农业直接补贴政策的改进研究》,《中央财经大学学报》第 11 期。

梁世夫,2005,《粮食安全背景下直接补贴政策的改进问题》,《农业经济问题》第 4 期。

李瑞锋、肖海峰,2006,《我国粮食直接补贴政策的实施效果问题及完善对策》,《农业现代化研究》第 27 期。

刘艳、吴平，2012，《我国粮食直补政策效应的实证分析——基于2004~2009年面板数据》，《农村经济》第1期。

黎家远，2012，《粮食直接补贴政策的实效研究及对策建议》，《农村经济》第8期。

马庆国，2002，《管理统计》，北京：科学出版社。

马彦丽、杨云，2005，《粮食直补政策对农户种粮意愿、农民收入和生产投入的影响——一个基于河北案例的实证研究》，《农业技术经济》第2期。

倪洪兴，2003，《非贸易关注与农产品贸易自由化》，北京：中国农业大学出版社。

沈淑霞、佟大新，2008，《吉林省粮食直接补贴政策的效应分析》，《农业经济问题》第8期。

陶建平、陈新建，2008，《粮食直补对稻农参与非农劳动的影响分析——基于湖北309户农户入户调查的分析》，《经济问题》第9期。

温忠麟、侯杰泰、马什赫伯特，2004，《结构方程模型检验：拟合指数与卡方准则》，《心理学报》第36期。

温忠麟、张雷、侯杰泰、刘红云，2004，《中介效应检验程序及其应用》，《心理学报》第36期。

吴明隆，2003，《SPSS统计应用实务》，北京：科学出版社。

吴连翠，2011，《基于农户生产行为视角的粮食补贴政策绩效研究：以安徽省为例》，博士学位论文，杭州：浙江大学。

吴连翠、谭俊美，2013，《粮食补贴政策的作用路径及产量效应实证分析》，《中国人口·资源与环境》第23期。

魏君英、何蒲明，2013，《粮食直接补贴政策对粮食播种面积影响的实证研究》，《农业经济》第3期。

王姣、肖海峰，2006，《中国粮食直接补贴政策效果评价》，《中国农村经济》第12期。

王玉霞、葛继红，2009，《我国粮食补贴政策低效率的经济学分析》，《贵州社会科学》第 3 期。

肖琴，2011，《粮食补贴政策效应研究》，博士学位论文，武汉：华中科技大学。

肖海峰、李瑞峰、王姣，2005，《农民对粮食直接补贴政策的评价与期望——基于河南、辽宁农户问卷调查的分析》，《中国农村经济》第 3 期。

肖国安，2005，《粮食直接补贴政策的经济学解析》，《中国农村经济》第 3 期。

许树柏，1986，《层次分析法原理》，天津：天津大学出版社。

袁宁，2013，《粮食补贴政策对农户种粮积极性的影响研究——基于农户问卷调查的实证研究》，《上海财经大学学报》第 15 期。

袁宁，2013，《农户对粮食直接补贴政策的评价研究——基于豫东平原地区的农户调查资料》，《经济问题》第 4 期。

叶慧、王雅鹏，2006，《采用数据包络分析法的粮食直接补贴效率分析及政策启示》，《农业现代化研究》第 27 期。

杨秀琴，2007，《粮食直补政策缺陷与改革思路》，《农村经济》第 1 期。

羊文辉，2002，《投入品补贴政策调整对农业生产和农民收入的影响分析》，博士学位论文，南京：南京农业大学。

臧文如，2012，《中国粮食财政直接补贴政策对粮食数量安全的影响评价研究》，博士学位论文，成都：四川农业大学。

占金刚，2012，《我国粮食补贴政策绩效评价及体系构建》，博士学位论文，长沙：湖南农业大学。

赵瑞芹、孟全省，2012，《直接补贴政策对粮食产量的影响效果分析——以山东省为例》，《农业经济》第 5 期。

张冬平、郭震、边英涛，2011，《农户对良种补贴政策满意度影响因素分析——基于河南省 439 个农户调查》，《农业技术经济》 第 3 期。

张照新、陈金强，2007，《我国粮食补贴政策的框架、问题及政策建议》，《农业经济问题》 第 7 期。

张国庆，2012，《我国粮食补贴的绩效评估与政策改进》，《农村经济》 第 7 期。

朱红根、王雅鹏、翁贞林、陈昭玖、刘小春、康兰媛，2007，《粮食安全战略背景下粮食扶持政策评价及其完善——基于江西省农户问卷调查分析》，《经济问题探索》 第 4 期。

宗义湘，2006，《加入 WTO 前后中国农业支持水平评估及政策效果研究》，博士学位论文，北京：中国农业科学院。

Adams, G., Westhoff, P., Willott, B., Young, R. E. 2001. Do "Decoupled" Payments Affect U. S. CROP AREA. Preliminary Evidence from 1997 to 2000. *American Journal of Agricultural Economics*, 835: 1190 – 1195.

Breckler, S. J. 1990. Applications of Convariance Structure Modeling in Psychology: Cause for Concern?. *Psychoogical Bulletin*, 107: 260 – 273.

Burfisher, M. E., Hopkins, J. 2003. Decoupled Payments: Household Income Transfers In Contemporary U. S. Agriculture. Agricultural Economics Report No. 822, *Economic Research Service*, USDA, Washington DC.

Ding, L., Velicer, W. F., Harlow, L. L. 1995. Effects of Estimation Methods, Number of Indicators Per Factor, and Improper Solutions on Structural Equation Modeling Fit Indiees. *Structural Equation Modeling*, (2): 119 – 144.

El-Osta, H. S., Ahearn, M. C., Mishra, A. K. 2003. Implications of "Decoupled" Payments of Farm and Off-Farm Labor Allocation. Paper Presented at the International Conference, *Agricultural Pol-*

icy Reform and the WTO: Where Are We Heading? Capri (*Italy*), 6: 23 – 26.

Fred Gale, Bryan Lohmar, Francis Tuan. 2005. China's New Farm Subsidies, Economic Research Service. *United States Department of Agriculture Outlook Report.*

Ghiselli, E. , Campbell, J. , & Zedeck, S. 1981. Measurement Theory for the Behavioral Sciences. *Contemporary Sociology*, 23 (11), A217.

Goodwin, B. K. , Mishra, A. K. 2003. Acrage Effects of Decoupled Programs at the Extensive Margin. Paper Prepared for Presentation an the American Agricultural Economics Association Annual Meeting, Montreal, Canada, 7: 27 – 50.

Hennessy, T. C. , Rehman, T. 2008. Assessing the Impact of the "Decoupling" Reform of the Common Agricultural Policy on Irish Farmers' Off-Farm Labour Market Participation Decisions. *Journal of Agrieultural Economies*, 59 (1): 41 – 56.

Hennessy, D. A. 1998. The Production Effects of Agricultural Income Support Policies under Uncertainty. *American Journal of Agricultural Economics*, 2: 80.

Ian M. Sheldon, Daniel H. Pick, Steve Mc Corriston. 2001. Export Subsidies and Profit-Shifting in Vertical Markets. *Journal of Agricultural and Resource Economics*, 7: 125 – 141.

John Baffes, Jacob Meerman. 1997. From Prices to Incomes: Agricultural Subsidization without Protection?. *The World Bank.*

Konstantinos Galanopoulos. 2011. The Technical Efficiency of Transhumance Sheep and Goat Farms and the Effect of EU Subsidies: Do Small Farms Benefit More Than Large Farms?. *Small Ruminant Research*, 100: 1 – 7.

Koundouri, P. , Laukkanen, M. , Myyra, S. 2009. The Effects of EU Agricultural Policy Changes on Farmers' Risk Attitudes. *European Review of Agricultural Economics*, 18: 1 – 25.

Kropp, J. D. , Whitaker, J. B. 2009. The Impact of Decoupled Payments on the Cost of Operating Capital. Selected Paper Prepared for Presentation at the Agricultural & Applied Economics Association 2009 AAEA & ACCI Joint Annual Meeting, Milwaukee, Wisconsin, 7: 26 – 29.

Luanne Lohr. 2001. The Importance of the Conservation Security Act to Us Competitiveness in Global Organic Markets. *Conservation Security Act and International Organic Trade*, 5: 3 – 12.

Mcintosh, C. R. , Shogren, J. F. , Dohlman, E. 2007. Supply Response to Countercyclical Payments and Base Acre Updating under Uncertainty: An Experimental Study. *American Journal of Agricultural Economics*, 89 (4): 1046 – 1057.

Meerman, J. 1997. Reforming Agriculture: The World Bank Goes to the Market. Operations Evaluation Department. *The World Bank*.

Mullen, K. N. , Chau, H. , Gorter, D. 2001. The Risk Reduction Effects of Direct Payments on U. S. Wheat Production. *Paper Presented at the IATRC Meeting*, Washington DC, May 14.

Nunnally, J. C. 1994. Psychometric Theory. *American Educational Research Journal*, 5 (3): 83.

Roche, M. J. , Mcquinn, K. 2004. Riskier Product Portfolio under Direct Payments. *European Review of Agricultural Eeonomies*, 31 (2): 111 – 123.

Steiger, J. H. 1990. Structure Estimation Model Evaluation and Modification: An Interval Estimation Approach. *Multivariate Behavioral Research*, 25: 173 – 180.

Sekokai, P. , Moro, D. 2006. Modeling the Reforms of the Com-mon Agricultural Policy for Arable Crops under Uncertainty. *American Journal of Agrieultural Eeonomics*, 88 (1): 43 – 56.

Serra, T. , Zilberman, D. , Goodwin, B. K. , Featherstone, A. 2006. Effects of Decoupling on the Mean and Variability of Output. *European Review of Agricultural Economics*, 33 (3): 269 – 288.

Sckokai, P. , Moro, D. 2009. Modelling the Impact of the CAP Single Farm Payment on Farm Investment. *European Review of Agricul-tural Economics*, 36 (3): 395 – 423.

Sckokai, P. , Anton, J. 2005. The Degree of Decoupling of Area Payments for Arable Crops in the European Union. *American Journal of Agricultural Economics*, 87 (5): 1220 – 1228.

Teresa Serra, David Zilberman, Barry K. Goodwin, and Keijo Hyvonen. 2004. Replacement of Price Support Measures by Direct Payments in Agricultural Policies. Does This Benefit the Environ-ment?. Selected Paper Prepared for Presentation at the American Agri-cultural Economics Association Annual Meeting. Denver. Colorado, 7: 1 – 4.

Vercammen, J. A. 2003. Stochastic Dynamic Programming Model of Direct Subsidy Payments and Agricultural Investment. *Paper Presented at the Joint Annual Meeting of the American Agricultural Economics Associa-tion and Canadian Agricultural Economics Society*, Montreal, 7: 27 – 30.

Vercammen, J. 2007. Farm Bankruptcy Risk as a Link Between Direct Payments and Agricultural Investment. *European Review of Agri-cultural Economics*, 34 (4): 479 – 500.

Young, C. E. , Wescott, P. C. 2000. How Decoupled Is U. S. Agricultural Support for Major Crops. *American Journal of Agricultural Economics*, 82 (3): 762 – 767.

农户满意度调查问卷

尊敬的农户朋友:

　　您好! 我们是西北农林科技大学的学生,正在进行一项关于"粮食直接补贴政策效果评价及影响路径分析——以陕西省为例"的调查,调查目的是了解粮食种植农户对粮食直补政策的了解度和满意度等情况,并对直补政策的完善提出相关建议。

　　问卷中问题的答案无对错之分,该调查采用无记名的方式,所获得的数据只用于本研究,请您如实填写,谢谢!

西北农林科技大学·经济管理学院

　　一、您的住址:_____县(区、市)_____镇_____村(社区)

　　二、您的性别:

1. 女　　　　　　　　2. 男

　　三、您的年龄:_____岁

　　四、您的学历:

1. 小学及以下　　　　2. 初中

3. 高中、中专　　　　4. 大专及以上

　　五、除种粮外是否有一技之长:

1. 否　　　　　　　　2. 是

六、外出打工是否方便：

1. 不方便　　　　　　2. 方便

七、您的家庭人口总数_____人；务农劳动力总数_____人

八、种粮收入占家庭总收入的_____%

九、您家的粮食种植面积_____亩

十、有无种植非粮食经济作物

1. 否　　　　　　　　2. 是

十一、是否容易遭受旱涝等自然灾害：

1. 否　　　　　　　　2. 是

十二、您对粮食直接补贴政策的了解度：

1. 完全不了解　　　　2. 不了解

3. 比较不了解　　　　4. 一般

5. 比较了解　　　　　6. 了解

7. 完全了解

十三、您享受到的粮食补贴政策有：

1. 粮食直补　　　　　2. 农资综合补贴

3. 良种补贴　　　　　4. 农机具购置补贴

十四、您是否了解政府进行粮食直接补贴的目的：

1. 否　　　　　　　　2. 是

十五、您认为政府进行粮食直接补贴的目的包括：

1. 增加粮食产量

2. 提升农民收入

3. 提高种粮积极性

4. 增加粮食种植面积

5. 提升粮食质量

十六、政府是否对粮食直接补贴政策开展宣传：

1. 否　　　　　　　　2. 是

十七、政府通过哪些渠道对粮食直接补贴政策开展了宣传：

1. 电视　　　　　　　　2. 报纸

3. 广播　　　　　　　　4. 宣传标语

5. 亲戚介绍　　　　　　6. 村干部介绍

7. 其他_____

十八、您是否注意过粮食直接补贴有关信息的公示：

1. 否　　　　　　　　　2. 是

十九、您对粮食直接补贴的满意度：

1. 非常不满意　　　　　2. 不满意

3. 比较不满意　　　　　4. 一般

5. 比较满意　　　　　　6. 满意

7. 非常满意

二十、实行粮食直接补贴政策后，您的种粮收入变化情况：

1. 没有变化　　　　　　2. 小幅增加

3. 大幅增加

二十一、实行粮食直接补贴政策后，粮食种植面积有没有
增加：

1. 减少　　　　　　　　2. 不变

3. 增加

二十二、没有增加粮食种植面积的原因为：

1. 种粮不划算

2. 没有多余的土地可种

3. 人手不够

4. 害怕收成不好

5. 其他

二十三、实行粮食直接补贴政策后，化肥、农药等生产要素
投入是否有所增加：

1. 没有变化　　　　　　2. 小幅增加

3. 大幅增加

二十四、实行粮食直补政策后，相比以往种粮食负担是否有所减轻：

1. 有所减轻　　　　　　2. 基本没变化

3. 有所增加

二十五、实行粮食直接补贴政策后，您家的粮食单产是否有所增加：

1. 没有变化　　　　　　2. 小幅增加

3. 大幅增加

二十六、您觉得粮食直补政策对提升粮食质量有没有作用：

1. 没用　　　　　　　　2. 很少

3. 一般　　　　　　　　4. 较大

5. 很大

二十七、您家有购置农机吗？

1. 没有　　　　　　　　2. 有

二十八、如果有购置农机，有没有享受到购置补贴：

1. 没有　　　　　　　　2. 有

二十九、您认为粮食直补政策对提高种粮积极性有没有作用：

1. 没用　　　　　　　　2. 很少

3. 一般　　　　　　　　4. 较大

5. 很大

三十、本村的地形：

1. 高原　　　　　　　　2. 山地

3. 平原　　　　　　　　4. 其他_____

三十一、您播种的粮食种类有：

1. 小麦　　　　　　　　2. 玉米

3. 稻谷　　　　　　　　4. 其他_____

三十二、补贴资金在时间上是否及时到账落实：

1．否　　　　　　　　　　2．是

三十三、您去年共获得粮食直补资金_____元

三十四、粮食直补资金发放方式：

1．银行卡或存折　　　2．现金

3．其他_____

三十五、粮食直补方式：

1．按计税面积补贴

2．按播种面积补贴

3．按商品粮数量补贴

4．其他

三十六、粮食直补款归属于：

1．出租方　　　　　　　2．承包方

3．其他

▶ 附录 2

粮食直接补贴政策对粮食安全
影响路径的调查问卷

请对照有关陕西省粮食直接补贴政策的描述，根据您的实际情况，选择您认为最适合的选项，并在右栏中（1—7）用"√"标出合适的数字，数字越大表示您对该条款的内容越认同。这些问题的回答没有对错之分，请依照自己的看法做答，注意不要遗漏。

一、您对陕西省粮食直接补贴政策实施的满意程度

编号	题项	非常不满意→非常满意						
Q11	您对粮食直补发放依据的满意度	1	2	3	4	5	6	7
Q12	您对粮食直补标准的满意度	1	2	3	4	5	6	7
Q13	您对粮食直补支付方式的满意度	1	2	3	4	5	6	7
Q14	您对粮食直补发放时间的满意度	1	2	3	4	5	6	7

二、您对陕西省粮食直接补贴政策的了解程度

编号	题项	完全不了解→完全了解						
Q21	您对粮食直接补贴的了解程度	1	2	3	4	5	6	7
Q22	您对农业生产资料增支综合直接补贴的了解程度	1	2	3	4	5	6	7
Q23	您对良种补贴的了解程度	1	2	3	4	5	6	7
Q24	您对农机购置补贴的了解程度	1	2	3	4	5	6	7

三、陕西省粮食直接补贴政策实施以后对您的生产行为的影响

编号	题项	完全不同意→完全同意						
Q31	愿意减少外出打工时间	1	2	3	4	5	6	7
Q32	愿意在粮食生产上投入更多的劳动力	1	2	3	4	5	6	7
Q33	愿意花更多的时间在粮食生产上	1	2	3	4	5	6	7

四、陕西省粮食直接补贴政策实施以后对您的决策行为的影响

编号	题项	完全不同意→完全同意						
Q41	愿意增加种植面积	1	2	3	4	5	6	7
Q42	愿意投入更多的生产资料	1	2	3	4	5	6	7
Q43	更多地选择良种进行种植	1	2	3	4	5	6	7
Q44	愿意购置农机进行粮食生产	1	2	3	4	5	6	7

五、陕西省粮食直接补贴政策实施以后对粮食安全的影响

编号	题项	完全不同意→完全同意						
Q51	粮食产量得到了提高	1	2	3	4	5	6	7
Q52	粮食质量有所提升	1	2	3	4	5	6	7
Q53	粮食的种植结构明显改善	1	2	3	4	5	6	7

图书在版编目（CIP）数据

粮食直接补贴政策效果及影响路径：以陕西省为例 /
张彦君，郑少锋著. -- 北京：社会科学文献出版社，
2018.10
（中国"三农"问题前沿丛书）
ISBN 978 - 7 - 5201 - 3234 - 3

Ⅰ.①粮…　Ⅱ.①张…②郑…　Ⅲ.①粮食 - 政府补
贴 - 财政政策 - 研究 - 陕西　Ⅳ.①F812.0②F320

中国版本图书馆 CIP 数据核字（2018）第 181223 号

中国"三农"问题前沿丛书
粮食直接补贴政策效果及影响路径
　　——以陕西省为例

著　　者／张彦君　郑少锋

出 版 人／谢寿光
项目统筹／任晓霞
责任编辑／任晓霞　王红平

出　　版／社会科学文献出版社·社会学出版中心（010）59367159
　　　　　地址：北京市北三环中路甲 29 号院华龙大厦　邮编：100029
　　　　　网址：www. ssap. com. cn
发　　行／市场营销中心（010）59367081　59367018
印　　装／三河市尚艺印装有限公司

规　　格／开　本：787mm × 1092mm　1/16
　　　　　印　张：13.25　字　数：171 千字
版　　次／2018 年 10 月第 1 版　2018 年 10 月第 1 次印刷
书　　号／ISBN 978 - 7 - 5201 - 3234 - 3
定　　价／69.00 元

本书如有印装质量问题，请与读者服务中心（010 - 59367028）联系

▲ 版权所有 翻印必究